내가 좋아하는 공간,
좋아하는 소품 수놓기

알로르의 일상을 담은
프랑스 자수

박향선 지음

somgi

오늘은
미뤄두었던 일을 하기 좋은 날이네요.

특별할 것 없는
평범한 일상이 또 시작되었어요.

하지만 가만히 생각해보면
좋아하는 것과 좋아하는 사람들로 가득한
좋아하는 공간에서의 소중한 시간들.

늘 시선이 닿아도 질리지 않는,
매일 반복되어도 행복한,

일상의 한 조각들을
함께 수놓아볼까요?

Prologue

집을 좋아합니다.
그리고
집에서 조용히 흐르는 시간을 좋아합니다.

소소한 일상의 순간을 자수로 담기도 하고
소소한 일상의 조각에 자수를 더하기도 하고

거창하거나 특별하지 않아도
그저 좋아하는 것과 함께하는 일상은 참 소중합니다.

하루의 시간 속에서
애쓰지 않고
온전히 좋아하는 것을 하며 얻는 마음의 여유,
그렇게 쌓여가는 일상…

'알로르의 일상을 담은 프랑스 자수'와 함께
바쁜 하루 속에서
잠시나마
너그러운 시간을 가질 수 있길 바랍니다.

– 알로르 박향선

Contents

프롤로그 14

Intro 자수의 기초

자수에 필요한 도구와 재료 20
자수를 시작하기 전에 알아둘 것들 24
이 책에 사용된 자수 기법 28 30

알로로의 레터링 자수 58
알로로의 컬러 초이스 60

일러두기 64

Chapter 1 하루의 시작

07:52 am # 일단, 양치부터
양치컵 68

08:27 am # 아침은 여유롭게
브런치 레터링 72
티타임 레터링 74

09:48 am # 집을 채워주는 그림
설거지 78
청소 82
빨래 86

11:22 am # 가끔은 손빨래
티셔츠 & 양말 90

Chapter 2 나만의 시간

13:45 pm # 수놓는 시간
세 가지 핀쿠션 100
연필 104
시계, 안경, 컵 & 의자, 스웨터, 머그 106

14:26 pm # 느긋한 티타임
차 도구 112
티백 홍차 116

15:02 pm # 책 읽는 시간
나무 문, 하얀 문, 분홍 문 120
의자 & 코코아 124

16:34 pm # 산책 시간
말풍선 & 푸들 126

17:00 pm # 때때로 소풍
피크닉 128

Chapter 3 함께하는 저녁

18:13 pm # 마트에 가면
장바구니 **136**
동전지갑 **138**

18:57 pm # 유통기한 챙기기
라벨 **142**

19:19 pm # 단정한 살림
주방 식기 **146**

19:52 pm # 여행의 맛
멜론 소다, 푸딩, 에그 샌드위치, 우동,
오므라이스, 딸기 찹쌀떡 **150**

20:16 pm # 특별한 하루
생크림 케이크 & 가나슈 케이크 **154**

Chapter 4 내일을 위한 휴식

21:49 pm # 내려놓는 밤
자수 시계 **162**

22:10 pm # 욕실의 풍경
하얀색 비누 & 하늘색 비누 **168**
욕조 **170**

23:16 pm # 굿나잇
스탠드 & 달님 **172**

스티치 인덱스 **185**

* Special

- 수틀액자 만드는 법 **71**
- 핀쿠션 만드는 법 **103**
- 액자 만드는 법 **109**
- 티코지 만드는 법 **114**

- 책갈피 만드는 법 **123**
- 동전지갑 만드는 법 **140**
- 유리병 커버 만드는 법 **145**
- 마그넷 만드는 법 **153**

- 케이크 토퍼 만드는 법 **157**
- 자수 시계 만드는 법 **165**
- 사셰 만드는 법 **177**

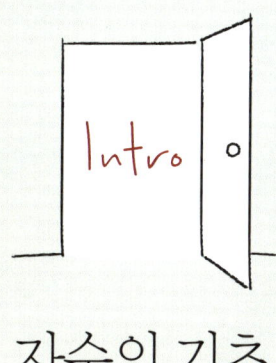

자수의 기초

✦ 자수에 필요한 도구와 재료 ✦

× 기본 도구

1 수틀
수를 놓기 쉽도록 천을 팽팽하게 잡아주는 도구입니다.
나무, 대나무, 플라스틱 등 다양한 재질이 있지만
튼튼한 나무 수틀을 가장 많이 쓰고 있어요.
다양한 크기와 모양 중 이 책에서는 주로 지름 10~18cm 원형 나무 수틀을 이용하고 있어요.

2 자수바늘
바늘귀가 일반 바늘보다 커서 여러 가닥의 자수실을 꿰기 좋습니다.
사용하는 실과 가닥수에 따라 적당한 호수의 바늘을 사용하세요.

바늘의 호수에 따른 실 가닥수

프랑스 자수 바늘 호수	25번 면사 가닥수	기타 실 가닥수	
3호	5~6가닥	5번사	
4호			
5호	4~5가닥	8번사	디아망 1~2가닥
6호	3~4가닥		
7호	2~3가닥	12번사	애플톤 크루엘 울사 1~2가닥
8호	1~2가닥		
9호	1가닥		
10호			

※국가별, 브랜드별로 약간의 차이가 있을 수 있습니다.

3 자수가위
자수실을 자를 때 사용합니다.
끝이 뾰족하고 날이 잘 드는 것이 좋아요.

4 재봉가위
원단을 자를 때 사용합니다.

5 수성펜 또는 열펜
원단 위에 도안을 그릴 때 사용합니다.
수성펜 자국은 물을 묻혀 지우고,
열펜 자국은 다리미나 스팀 등의 열을 쏘여 지워줍니다.

6 철필
도안을 덧그려 천에 베낄 때 사용합니다.
철필이 없으면 다 쓴 볼펜으로 대체 가능해요.

7 실뜯개
잘못 수놓은 실을 뜯을 때 사용합니다.
최대한 원단이 상하지 않게 실을 뜯을 수 있어
자수 초보에게 유용한 아이템이에요.

8 실꿰기
자수실을 바늘귀에 쉽게 꿸 수 있도록 도와줘요.

× 자수재료

1 자수실
이 책에서 주로 사용하는 DMC사의 25번 자수실은
가느다란 6가닥의 실을 한데 모아 만든 한 타래의 실이에요.
한 타래의 길이는 약 8m로, 수를 놓을 때는 약 50cm로 잘라 사용하기 바랍니다.
이밖에도 DMC사의 메탈사인 디아망(Diamant),
애플톤(Appletone)사의 크루엘 울사(Crewel wool thread) 등을 사용하고 있습니다.
메탈사와 크루엘 울사는 25번 면사와 다르게
초보가 다루기엔 조금 어려운 실이니 짧게 잘라 사용해주세요.

2 원단
보통은 리넨을 많이 사용하지만,
이 책에서는 기계 광목 등의 면으로 된 천을 많이 사용했어요.
수를 놓기 전에 미리 세탁을 해두면, 나중에 천이 우는 걸 방지할 수 있어요.

3 펠트
아플리케를 할 때나 수틀액자, 책갈피, 마그넷, 토퍼 등을 만들 때 사용해요.
펠트에 수를 놓을 때에는 펠트가 두꺼울수록 수를 놓기 어려우니
약 1mm의 얇은 펠트를 사용하는 게 좋습니다. 펠트를 뚫지 않고 위만 살짝 뜨는 느낌으로 수놓으세요.

4 수용성 원단
면을 채운 부분 위에 수를 놓아야 할 때나
어두운 원단에 도안을 옮겨 그리기 힘들 때 사용하면 좋아요.
수를 놓은 뒤 불필요한 부분을 최대한 잘라낸 후 물에 담가두면 녹아서 사라집니다. 잘 헹구는 건 필수!

5 트레이싱지와 먹지(초크지)
트레이싱지는 도안을 베끼기 좋은 얇은 종이예요.
먹지는 옮겨 그린 부분을 물로 지울 수 있는 걸 사용하세요. 불필요한 부분까지 옮겨 그렸을 때 쉽게 지울 수 있거든요.

6 비즈
이 책에서는 막대비즈, 시드비즈, 스팽글, 우드비즈(래핑용) 등을 사용하고 있어요.
가장 작은 크기의 자수바늘이나 비즈용 바늘을 사용해
원하는 색의 자수실로 고정합니다.
자수실이 보이지 않길 원한다면 투명사를 추천드려요.

7 올 풀림 방지액
작품을 만들 때 원단 테두리나 매듭 등에 바르면 올이나 매듭이 풀리는 걸 막아줍니다.
원단 테두리에 블랭킷 스티치로 빽빽하게 수놓지 않아도 되어서
자주 이용하는 아이템이에요.

8 수예용 본드
다양한 작업에 사용할 수 있는 다목적 접착제예요.
본드가 바르면 투명해져 흔적이 거의 보이지 않아요.

✦ 자수를 시작하기 전에 알아둘 것들 ✦

× 도안 옮기는 법

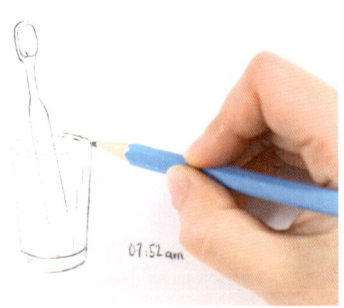

도안 위에 트레이싱지를 올리고 연필이나 펜으로 따라 그리세요.

원단 위에 트레이싱지를 올리고, 그 사이에 먹지를 끼웁니다.
★ **Tip** 옮겨 그린 트레이싱지 대신 이 책의 특별 부록인 〈자수 도안집〉을 바로 사용하면 편리해요.

시침핀이나 테이프 등을 이용해 상단을 고정한 후, 철필이나 펜으로 도안을 따라 덧그립니다.
★ **Tip** 중간에 먹지를 살짝 들어올려 도안이 원단에 잘 옮겨지고 있는지 확인해보세요.

도안을 다 옮겨 그린 후 먹지와 트레이싱지를 제거하고, 잘 옮겨지지 않은 부분은 수성펜 등으로 한번 더 그려주세요.

먹지의 초크 면이 원단과 닿게 놓아주세요.
먹지를 거꾸로 놓으면 그림이 옮겨지지 않아요.

도안이 너무 흐리면 수를 놓기 힘들어요.

× 수틀 사용법

①

수틀을 두 개로 분리하세요.

②

작은 틀을 바닥에 놓고, 그 위에 원단을 올린 뒤 큰 틀을 양손으로 눌러 끼웁니다.

③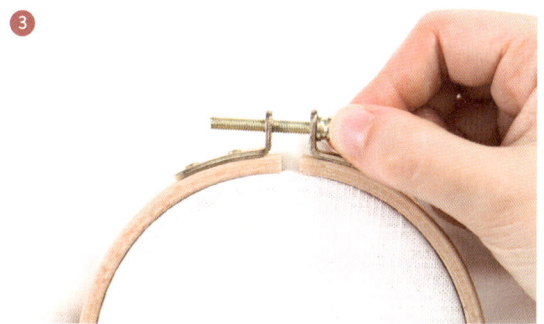

원단이 팽팽하게 고정될 수 있도록 나사를 조여주세요.

④

원단을 바깥쪽으로 골고루 잡아당겨 원단을 정리하고 팽팽함을 유지시켜주세요.

원단이 너무 헐겁게 끼워져있으면 수틀을 사용하는 의미가 없어요! 수를 놓으면서도 중간중간 나사를 조이고, 원단도 팽팽하게 당겨주세요.

× **자수실 꿰는 법**

• 25번 면사

❶

타래 안쪽으로 나와있는 실 끝을 잡아당겨 50~60cm 길이로 잘라주세요.

❷

잘라낸 실에서 필요한 가닥수만큼 실을 한 가닥씩 뽑은 뒤, 가지런히 한데 모아 정리해주세요.

❸

실 끝에서 5cm 정도 떨어진 부근에서 사진처럼 접고, 그 사이에 바늘을 넣습니다. 이 작업은 실에 각을 잡기 위해 하는 거예요.

❹
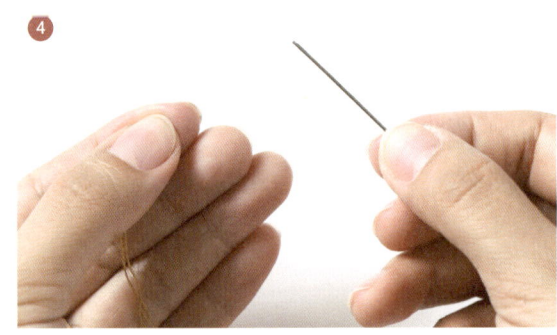
엄지와 검지로 실이 접힌 부분을 꾹 눌러 잡고 바늘을 빼세요. 접힌 부분이 납작해지도록 꾹꾹 눌러주면 더 좋아요.

❺
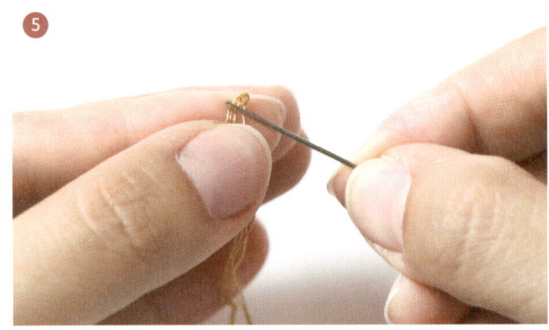
손가락을 벌리면서 실의 접힌 부분을 바늘귀에 넣어주세요.

❻
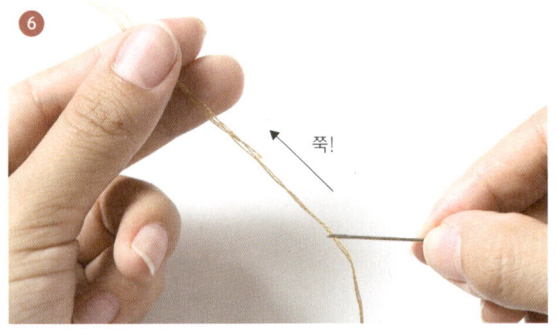
바늘귀로 빠져나온 실을 잡고 10cm 정도 쭉 빼주세요.

• 크루엘 울사

❶

25번 면사처럼 타래 안쪽으로 나와있는 실 끝을 잡아당겨 뺍니다. 한번 잡아당겼을 때 약 30cm이므로 조금만 더 당겨 40cm 정도의 길이에서 잘라주세요.

❷

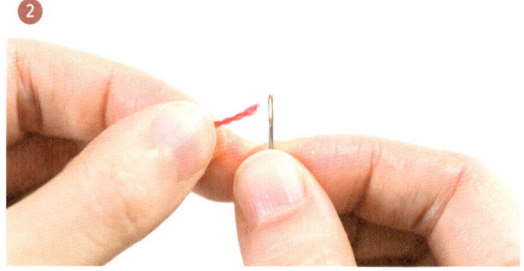

실 끝을 정리한 뒤 바늘귀에 실 끝을 통과시켜주세요.
★Tip 실 끝에 물을 묻히면 쉽게 정돈할 수 있어요.

❸

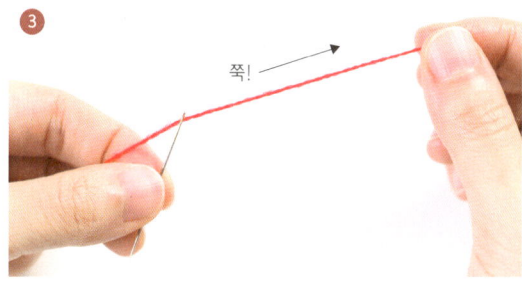

실을 10cm 정도 쭉 빼주세요.

• 메탈사

❶

실패에서 실을 풀어 30cm 정도의 길이로 잘라냅니다.

❷

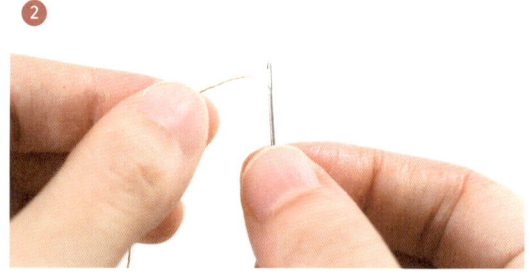

실 끝을 정돈한 뒤 바늘귀에 실 끝을 통과시켜주세요.

❸

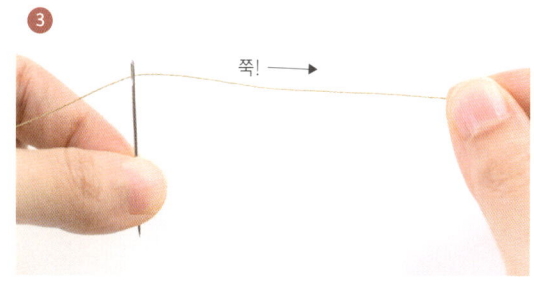

실을 10cm 정도 쭉 빼주세요.

DMC사의 메탈사인 디아망은 3올이 한데 뭉쳐져서 1가닥을 이루고 있어요. 따라서 이 올이 풀리지 않도록 주의해주세요.

× 시작매듭 짓는 법

1

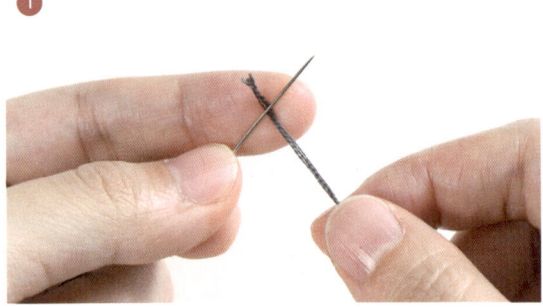

바늘에 실을 꿴 뒤 실의 긴 쪽 끝에 바늘을 갖다대주세요.

2

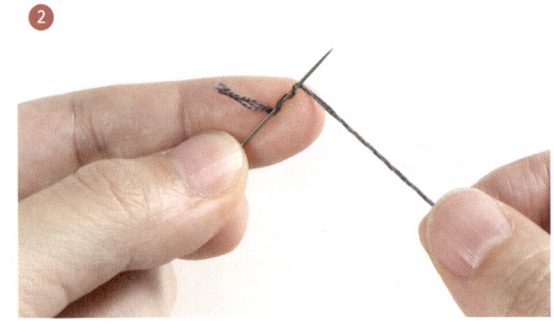

실을 1~2회 바늘에 감아주세요.

★ **Tip** 25번 면사와 메탈사는 사용하는 실의 가닥수가 적을수록 더 많이 감아주세요.

3

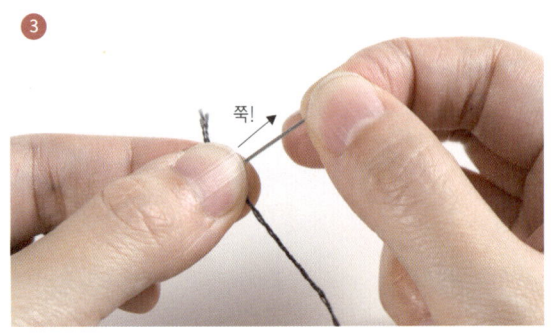

실을 감은 부분을 손가락으로 눌러 잡고, 다른 손으로 바늘을 잡아 빼주세요.

4

완성!

× 마무리매듭 짓는 법

실을 1~2회 바늘에 감아주세요.
★ Tip 25번 면사와 메탈사는 사용하는 실의 가닥수가 적을수록 더 많이 감아주세요.

실을 감은 바늘을 매듭지을 천 쪽으로 바짝 갖다대세요.

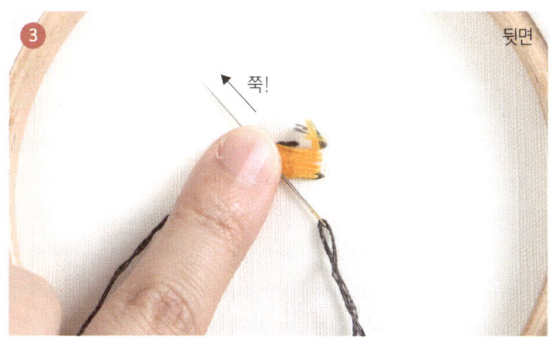

실을 감은 부분을 손가락으로 눌러 잡고, 다른 손으로 바늘을 잡아 빼주세요.

매듭 완성! 남은 실은 자수 가위로 잘라주세요.
★ Tip 크루엘 울사는 마찰력이 낮아서 세게 묶어야 해요! 남은 실을 자르기 전에 땀 사이사이로 바늘을 통과시켜 실을 감은 뒤 자르세요.

× 마무리매듭 없이 마무리하는 법

뒤쪽의 실 사이사이를 통과시켜 여러 번 휘감아주세요.

남은 실을 잘라 정리하세요.

✦ 이 책에 사용된 자수 기법 28 ✦

╳ 스트레이트 스티치 Straight stitch

직선으로 수를 놓는 기법. 길이, 기울기를 마음대로 바꾸어 수놓을 수 있어요.

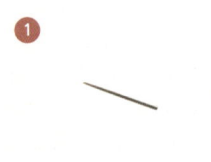  

① 원단 아래에서 위로 바늘을 빼주세요.

② 원하는 간격을 정한 후 원단 아래로 바늘을 넣어주세요.

③ 완성!
★ Tip 이렇게 실을 펜 바늘로 천 위를 한 번 뜬 자국을 '땀'이라고 해요.

길이, 기울기를 바꿔가며 스트레이트 스티치를 수놓아보세요.

╳ 백 스티치 Back stitch

뒤로 되돌아가면서 수를 놓는 기법. 오른쪽에서 왼쪽 방향으로 진행돼요.

  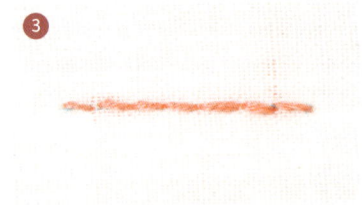

① 시작점에서 한 땀 떨어진 곳에서 바늘을 빼주세요.

② 뒤로 돌아가 한 땀 뜨면서 동시에 앞으로 한 땀을 떠주세요.
★ Tip 땀을 작게 수놓을 때는 동시에 뜨지 않아도 돼요.

③ 같은 방법을 반복하면 백 스티치 완성!
★ Tip 균일한 땀 길이를 유지하며 각 땀 사이가 떨어지지 않게 주의하세요.

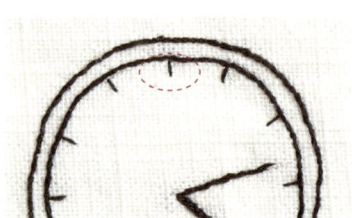 

스트레이트 스티치 활용 예   백 스티치 활용 예

× **러닝 스티치** Running stitch

한 땀의 길이와 각 땀 사이의 간격이 같아야 해요. 오른쪽에서 왼쪽으로 진행됩니다.

시작점에서 바늘을 빼주세요.

원하는 간격을 정한 후 바늘을 넣어주세요.
★ **Tip** 여기서는 알아보기 쉽게 땀 간격을 그려두었어요.

같은 간격만큼 떨어진 지점에서 바늘을 빼내 다시 한 땀만큼 떨어진 지점에 바늘을 넣어주세요.

과정 2~3을 반복해 수놓으면 완성!

× **휘프트 러닝 스티치** Whipped running stitch

러닝 스티치에 다른 실을 휘감아서(whipped) 완성하는 스티치예요.

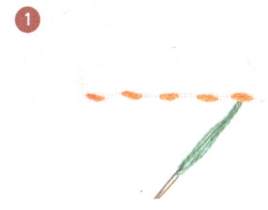 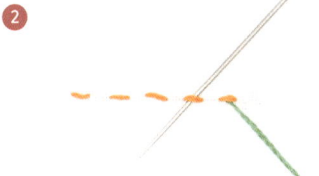 

먼저 러닝 스티치를 수놓은 뒤 같은 색 혹은 다른 색 자수실을 바늘에 꿰어 첫 땀의 가운데 아래에서 빼주세요.

두 번째 땀의 위에서 아래로 바늘을 통과시키세요.
★ **Tip** 이때 천을 뜨지 않도록 주의해주세요.

러닝 스티치의 마지막 땀 직전까지 계속해서 같은 방향(위→아래)으로 바늘을 통과시키며 휘감아주세요.

마지막 땀의 가운데 위쪽에 바늘을 넣어 마무리해주세요.

완성!

러닝 스티치 활용 예

휘프트 러닝 스티치 활용 예

× 체인 스티치 Chain stitch

수놓은 모양이 마치 체인처럼 보이는 기법. 선과 면을 수놓는 데 두루두루 쓰여요.

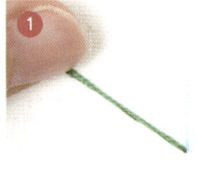

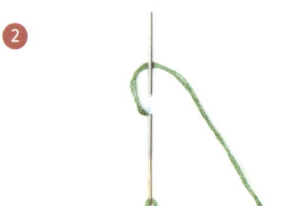

시작점에서 바늘을 빼서 왼손 엄지로 실을 눌러주세요.

바늘을 시작점에 넣는 동시에 한 땀 떨어진 곳으로 내민 뒤, 실을 바늘에 걸어주세요.

바늘을 끝까지 잡아당겨 첫 번째 체인을 만들어주세요.

과정 2~3을 반복해 수놓아주세요. 체인 모양이 둥글게 나올 수 있도록 실을 너무 세게 당기지 말아주세요. 땀의 크기도 균일하게 유지해주세요.

고리의 바깥쪽에 바늘을 꽂아 마무리합니다.

완성!

체인 스티치 활용 예

× **휘프트 체인 스티치** Whipped chain stitch

체인 스티치에 다른 실을 휘감아서(whipped) 완성하는 스티치예요.

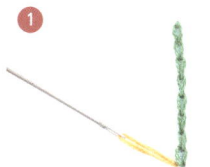  

먼저 체인 스티치를 수놓은 뒤 같은 색 혹은 다른 색 자수실을 바늘에 꿰어 첫 번째 체인 스티치의 시작점 왼편에서 빼주세요.

두 번째 땀의 오른쪽에서 왼쪽으로 바늘을 통과시키세요.
★ **Tip** 이때 천을 뜨지 않도록 주의해주세요.

체인 스티치의 마지막 땀 전까지 계속해서 같은 방향(오른쪽→왼쪽)으로 바늘을 통과시키며 휘감아주세요.
★ **Tip** 실을 일정한 장력으로 휘감아야 예쁘게 완성됩니다.

마지막 체인의 오른쪽 옆에 바늘을 넣어 마무리해주세요.

완성!

휘프트 체인 스티치 활용 예

× 아웃라인 스티치 Outline stitch

도안의 윤곽이나 곡선을 표현하는 데 많이 사용되는 기법. 면을 채우는 경우에는 아웃라인 필링 스티치라고 합니다.

❶ 시작점에서 바늘을 빼서 실을 아래로 늘어뜨려주세요.

❷ 그 상태에서 한 땀의 길이만큼 떨어진 지점에 바늘을 넣었다가 왼쪽으로 반 땀 되돌려 바늘을 빼주세요.

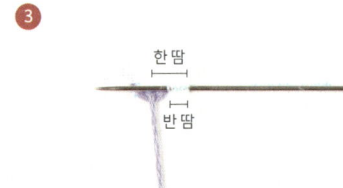

❸ 실이 아래로 늘어뜨려진 상태에서 한 땀 만큼 떨어진 지점에 바늘을 꽂고, 동시에 전 땀이 끝난 지점으로 나옵니다.

❹ 이때 천천히 바늘을 뽑아 당기면서 첫 땀의 절반이 두 겹으로 겹쳐지는 모습을 확인하세요.

❺ 바늘을 끝까지 잡아당겨주세요.

❻ 같은 방법으로 계속 반 땀씩 겹쳐 나가면서 아웃라인 스티치를 하면 됩니다.

❼ 마지막 지점에 바늘을 넣어 마무리하세요.

❽ 완성!

뒷모습

★ **Tip** 아웃라인 스티치의 뒷모습은 가지런한 백 스티치가 되어야 해요!

아웃라인 스티치 활용 예

아웃라인 필링 스티치 활용 예

× 카우칭 스티치 Couching stitch

실을 다른 실로 고정시키는 기법. 선 또는 면을 채우는 데 두루 쓰여요.

① 자수바늘 2개를 준비한 뒤 각각에 실을 꿰어줍니다.
★ **Tip** 같은 색 실을 사용해도 괜찮아요.

② 토대가 될 실을 시작점에서 빼주세요.

③ 다른 실을 펜 바늘로 토대 실을 일정한 간격을 두어 스트레이트 스티치로 고정해줍니다.

④ 계속해서 일정한 간격으로 고정해가며 수를 놓아주세요.

⑤ 마무리를 할 때는 토대 실을 먼저 매듭지은 뒤, 고정하던 실을 매듭지으세요.

⑥ 완성!

카우칭 스티치 활용 예

× 블랭킷 스티치 Blanket stitch

담요(blanket) 가장자리를 마감할 때 많이 쓰이던 기법으로, 원단의 가장자리를 장식할 때 사용하거나 아플리케에 활용합니다.
버튼홀 스티치와는 다른 기법이니 요주의!

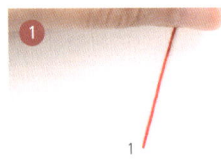

시작점(1)에서 바늘을 빼서 실을 올려 왼손 엄지로 실을 잡으세요.

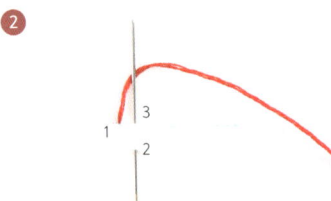

2와 3을 동시에 떠주세요. 이때 실이 바늘 아래에 오도록 해주세요.

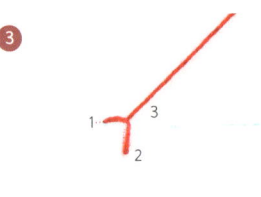

바늘을 쭉 잡아당기면 블랭킷 스티치 한 땀이 완성되었습니다.

과정 2~3을 반복하여 수놓으세요.
★ Tip 높이와 간격을 동일하게 유지해주세요.

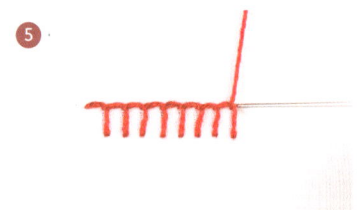

마지막 땀의 바로 뒤에 바늘을 넣어 마무리합니다.

완성!

블랭킷 스티치 활용 예

× 블랭킷 링 스티치 Blanket ring stitch

블랭킷 스티치로 동그란 원을 수놓는 기법이에요.

❶
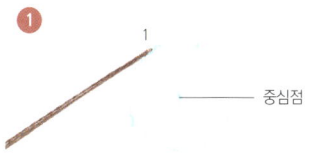

원하는 크기의 원을 그리고 중심점을 표시하세요. 1에서 바늘을 빼서 실을 왼손 엄지로 눌러 잡으세요.

❷
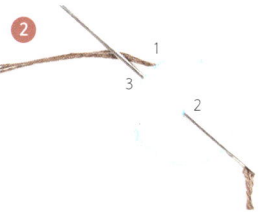

2(중심점)와 3을 동시에 떠주세요. 이때 실이 바늘 아래에 오도록 해주세요.

❸
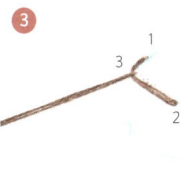

바늘을 당겨 첫 땀을 만듭니다.

❹

과정 2~3을 반복하여 처음 수를 놓은 부분까지 원의 형태가 나오도록 일정한 간격을 유지하며 수를 놓으세요.

❺

첫 땀의 지점까지 이어지도록 수를 놓으세요.

❻

고리 뒤에 바늘을 넣어 마무리합니다.

❼

완성!

블랭킷 링 스티치 활용 예

✕ 스타 스티치 *Star stitch*

별 모양으로 만들어져요. 땀을 놓으면서 동시에 다음 땀으로 이어지니 바늘이 들고 나는 위치를 잘 확인해주세요.

1
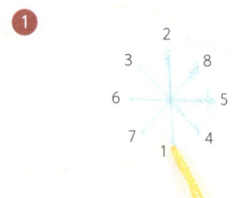

원단에 꼭짓점이 짝수개인 별을 그린 뒤, 1로 바늘을 빼줍니다.

2
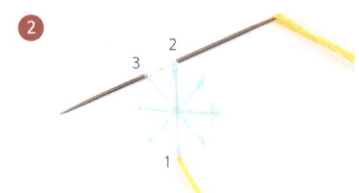

1과 마주 보고 있는 2에 바늘을 넣고 반시계 방향에 있는 3으로 빼주세요.

3
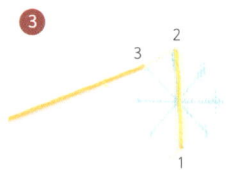

이렇게 한 땀이 수놓여요.

4
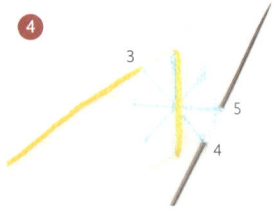

마찬가지로 3과 마주 보고 있는 4로 바늘을 넣고 반시계 방향의 5로 바늘을 빼줍니다.

5
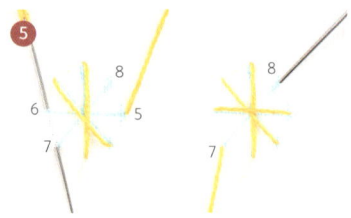

나머지도 같은 방법을 반복해서 수를 놓아줍니다. 숫자를 참고해주세요.

6

중심과 가까운 곳에서 바늘을 빼주세요.

7

스티치의 교차점을 대각으로 가로질러 중심 가까운 곳에 꽂아 고정하세요.

★ **Tip** 이 과정을 다른 색 실을 사용하면 색다른 느낌이 납니다.

8

완성!

스타 스티치 활용 예

✕ 프렌치넛 스티치 French knot stitch

대표적인 매듭 스티치 기법이에요. 동글동글 귀엽고 오동통한 모양이 매력적!

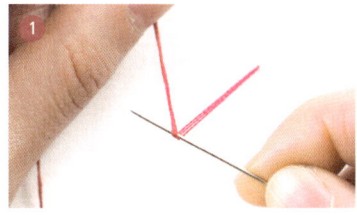

원단 아래에서 위로 바늘을 빼주세요. 한 손으로 실을 잡고, 실에 바늘을 갖다 대주세요.

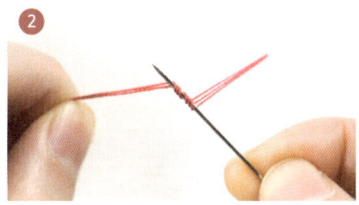

실로 바늘을 2~3회 감아주세요.
★ Tip 실은 2~3회만 감아주세요. 보다 큰 매듭을 만들고 싶다면 실의 가닥수를 늘리세요.

한 손으로 실을 그대로 잡은 채, 바늘을 시작점 바로 옆에 꽂아주세요.

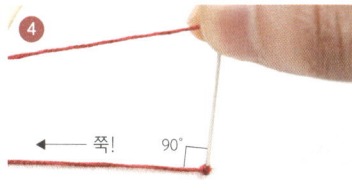

바늘을 수직으로 세우고, 다른 한 손으로 실을 당겨 바늘 끝에 생긴 매듭을 조여주세요.

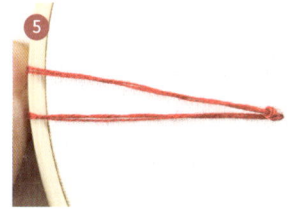

한 손으로 실을 살짝 잡아당기면서 조심조심 바늘을 아래로 뽑습니다.

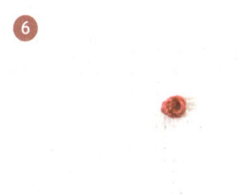

완성!

프렌치넛 스티치 활용 예

× 새틴 스티치 *Satin stitch*

면을 채우는 가장 대표적인 스티치 기법. 새틴 스티치를 하기 전에 먼저 수놓을 면적에 스티치를 한 뒤 그 위에 새틴 스티치를 하면 볼륨감 있게 완성되는데, 이를 패디드 새틴 스티치(Padded satin stitch)라고 해요.

새틴 스티치는 끝에서 시작하기보다는 면을 분할해서 채워야 더 예쁘게 수놓아집니다. 수놓고자 하는 면적에 따라 적당히 2~3등분해주세요.

★ **Tip** 면적이 작은 경우에는 분할하지 않아도 괜찮아요.

분할하고자 하는 면의 중심선(혹은 경계선)을 스트레이트 스티치로 한 땀 수놓으세요.

첫 땀과 평행을 이루도록 주의하면서 한쪽을 먼저 스트레이트 스티치로 채워주세요.

★ **Tip** 이렇게 한쪽을 먼저 채우고 다른 쪽을 채워야 예쁘게 완성돼요.

뒷면

한쪽을 다 채웠으면, 수틀 뒤쪽에서 실 아래쪽으로 바늘을 통과시켜 다른 쪽으로 이동합니다.

처음에 한 땀 뜬 중심선(혹은 경계선) 옆으로 나와 나머지 면도 채워주면 완성!

새틴 스티치 활용 예

패디드 새틴 스티치 활용 예

× **스플릿 스티치** Split stitch

스플릿(split)은 '절개하다, 째다'라는 뜻으로, 먼저 수놓은 땀의 가운데를 꿰뚫어 수놓는 기법이에요.
선과 면을 수놓을 때 두루두루 쓰입니다.

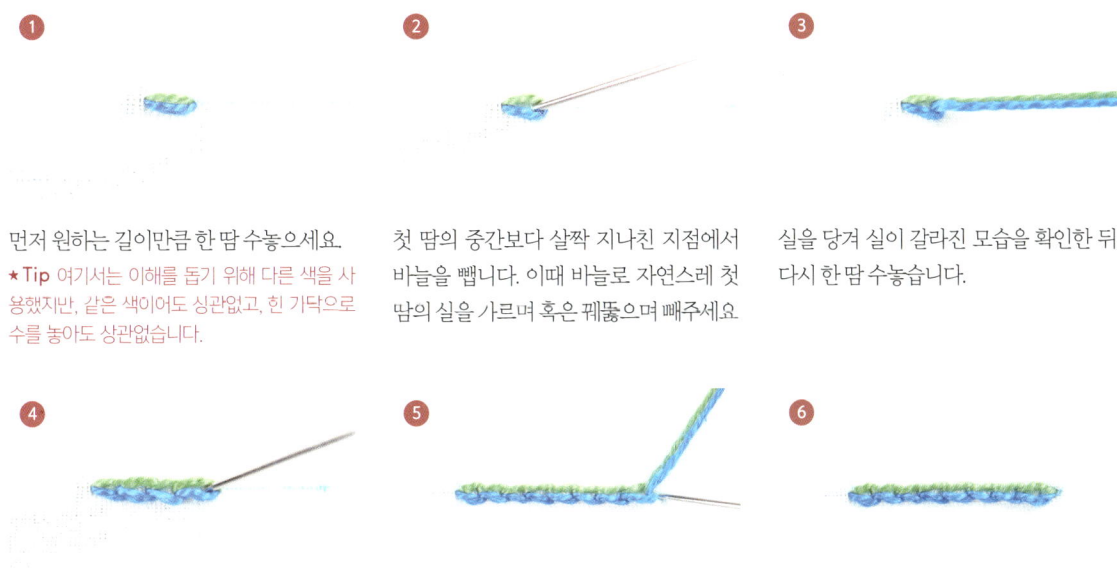

① 먼저 원하는 길이만큼 한 땀 수놓으세요.
★ **Tip** 여기서는 이해를 돕기 위해 다른 색을 사용했지만, 같은 색이어도 상관없고, 한 가닥으로 수를 놓아도 상관없습니다.

② 첫 땀의 중간보다 살짝 지나친 지점에서 바늘을 뺍니다. 이때 바늘로 자연스레 첫 땀의 실을 가르며 혹은 꿰뚫으며 빼주세요.

③ 실을 당겨 실이 갈라진 모습을 확인한 뒤, 다시 한 땀 수놓습니다.

④ 같은 방법을 반복하여 앞 땀을 가르면서 (혹은 꿰뚫으면서) 수를 놓으세요.

⑤ 스티치를 마무리할 때는 체인 스티치처럼 고리 바깥에 넣어 고정합니다.

⑥ 완성!

스플릿 스티치 활용 예

✕ 롱 & 숏 스티치 Long & short stitch

이름 그대로 긴 땀과 짧은 땀을 번갈아 수놓아 면을 채우는 기법. 면적을 분할해서 채워주세요.

❶  ❷  ❸

채우고자 하는 면의 맨 왼쪽 가장자리부터 길게 한 땀 수놓으세요.

긴 땀 바로 옆에 짧게 한 땀 수놓습니다.

긴 땀과 짧은 땀을 번갈아가며 수놓아 첫 단을 완성합니다.

❹ ❺ ❻

두 번째 단에서는 사진처럼 짧은 땀 위쪽에 긴 땀을 수놓으세요.

둘째 단 완성!

마지막 단은 처음처럼 긴 땀, 짧은 땀을 반복해 남은 면을 채워줍니다. 완성!

★ Tip 도안 모양에 따라 땀의 길이는 달라질 수 있어요. 아래쪽과 위쪽 너비를 감안해 적절히 조절해주세요.

롱 & 숏 스티치 활용 예

× 카우치트 트렐리스 스티치 Couched trellis stitch

트렐리스(trellis)는 '격자'라는 뜻이에요. 격자 모양으로 카우칭 스티치를 하는 방법으로 넓은 면을 채울 때 아주 효과적이에요.

❶ 일정한 간격을 유지하면서 세로로 스트레이트 스티치를 합니다.

❷ 과정 1과 같은 간격으로, 이번에는 가로로 스트레이트 스티치를 수놓아 격자를 만드세요.

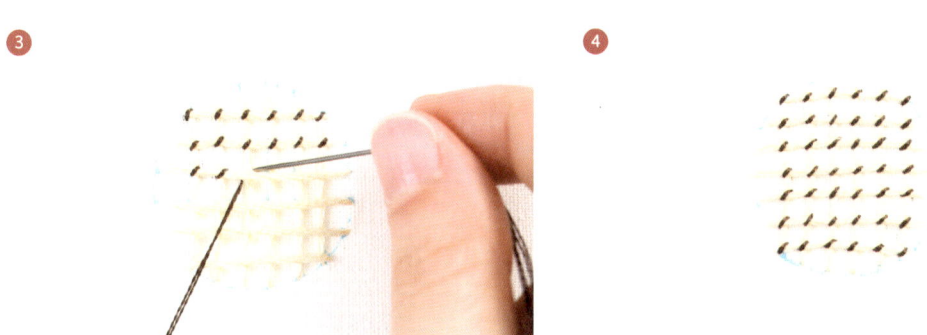

❸ 가로선과 세로선이 교차되는 지점마다 스트레이트 스티치로 고정해줍니다.

★ Tip 경우에 따라 크로스 스티치로 고정하기도 해요.

❹ 완성!

카우치트 트렐리스 스티치 활용 예

× 링 스티치 Ring stitch

동그란 입체 고리를 만드는 기법이에요. 하나만 있을 때보다 면을 채웠을 때 더욱 매력적입니다.

 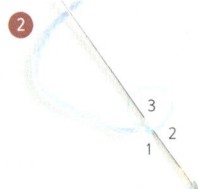  

1에서 바늘을 빼서 실을 링 모양으로 원단 위에 놓아주세요.
★ Tip 알아보기 쉽도록 원단에 그림을 그려두었어요.

바늘을 1 바로 옆인 2로 넣어 3으로 빼주세요.
★ Tip 빠져나온 바늘이 원단에 놓은 실 위로 오도록 해주세요.

바늘을 천천히 잡아당기면 실이 동그란 링 모양으로 점점 일어나는 모습을 확인할 수 있어요.

원하는 링 크기가 되면 당기는 것을 멈추고 4에 바늘을 꽂아 마무리합니다. 완성!

× 아플리케 Applique

바탕천에 다른 천이나 펠트 등을 덧대어 꿰매는 방법을 말해요. 스트레이트 스티치, 블랭킷 스티치, 카우칭 스티치 등 다양한 방법으로 아플리케를 할 수 있습니다. 이 책에서는 주로 스트레이트 스티치를 활용해 아플리케를 해요.

바탕천 위에 덧댈 원단을 올려놓으세요.
★ Tip 경우에 따라 안쪽에 접착심 등을 사용해 원단에 부착하기도 합니다.

가장자리에서부터 일정한 간격으로 스트레이트 스티치로 고정합니다.
★ Tip 땀이 수직 또는 사선 등 일정한 모양이 되도록 해주세요.

같은 방법으로 고정해 마무리합니다. 완성!

링 스티치 활용 예

아플리케 활용 예

× 드리즐 스티치 *Drizzle stitch*

위로 솟구친 모양으로 수가 놓여요.

1 원단 위로 실을 통과시킨 뒤 바늘귀에서 실을 분리해주세요.

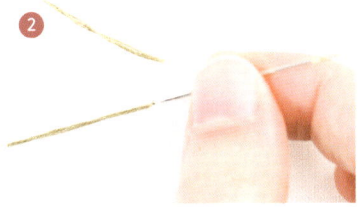

2 시작점 바로 옆에 바늘을 꽂으세요.

3 실을 한 바퀴 꼬아 고리를 만들어주세요.

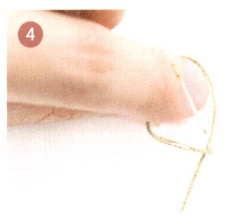

4 그대로 바늘에 걸어주세요.

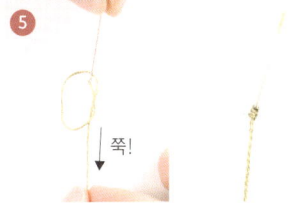

5 실을 당겨 고리를 조여 고리가 바늘 끝에 오도록 해주세요.

6 과정 3~5를 반복해 필요한 개수만큼 차곡차곡 고리를 만들어 걸어주세요.

7 다시 바늘귀에 실을 꿰어줍니다.

8 한 손으로 고리 부분을 꼭 잡고, 다른 손으로 바늘을 아래로 넣어주세요.

9 완성!

드리즐 스티치 활용 예

오픈 휘프트 스파이더 웹 스티치 *Open whipped spider web stitch*

스트레이트 스티치로 수놓은 기둥을 다른 실로 휘감아서 수놓아요. 휠 스티치(Wheel stitch)라고도 해요.

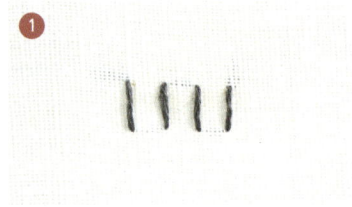

❶ 스트레이트 스티치로 기둥을 수놓아줍니다.

❷ 가장 오른쪽 기둥의 하단 왼편에서 바늘을 빼주세요.

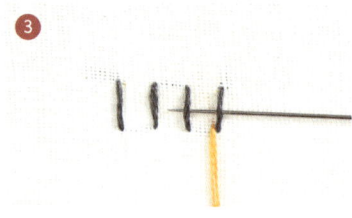

❸ 오른쪽에서 첫 번째 기둥과 두 번째 기둥 아래로 바늘을 동시에 통과시켜주세요.
★ Tip 이때 원단을 뜨지 않도록 주의해주세요! 여기서는 알아보기 쉽게 다른 색 실을 사용했어요.

❹ 실을 끝까지 당기면 첫 번째 기둥에 실이 감긴 걸 확인할 수 있어요.
★ Tip 너무 세게 당기면 기둥이 휘어져요! 휘어지지 않도록 적당히 당겨주세요!

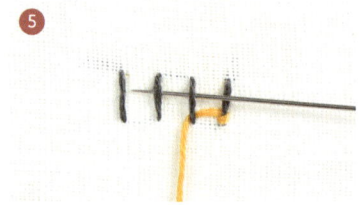

❺ 이번에는 두 번째 기둥과 세 번째 기둥 아래로 바늘을 동시에 통과시켜주세요.

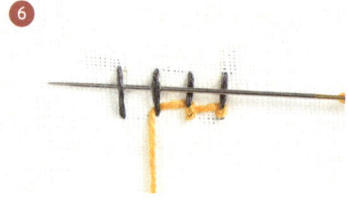

❻ 계속해서 같은 방법으로 바늘을 통과시켜 기둥에 실을 감아주세요.

❼ 중간중간 감긴 실의 모양을 바늘로 다듬어주세요.

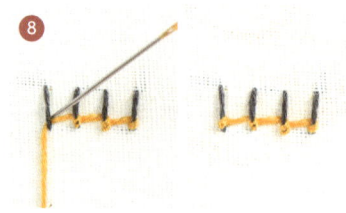

❽ 더이상 통과할 기둥이 없으면 마지막 기둥 오른쪽에 바늘을 꽂아 1단을 마무리합니다.

❾ 과정 2~8을 반복하여 기둥이 보이지 않을 때까지 같은 방법으로 차곡차곡 수놓아주세요. 완성!

오픈 휘프트 스파이더 웹 스티치 활용 예

× **우븐 필링 스티치** Woven filling stitch

위빙하는 느낌의 재밌는 스티치예요. 면을 채울 때 쓰여요.

사진처럼 적당한 간격으로 스트레이트 스티치를 해서 기둥을 세워주세요.

이제 가로줄을 시작합니다. 아래쪽의 원하는 곳에서 바늘을 빼 사진처럼 기둥의 아래위로 바늘을 통과시킵니다.

★ **Tip** 원단을 뜨지 않고 땀과 땀 사이로 바늘을 통과시키는 거예요.

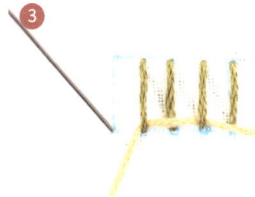

같은 높이의 원하는 위치에 바늘을 넣어줍니다.

첫 단 완성!

첫 단의 조금 위쪽에서 바늘을 빼내어 첫 단과 교차되는 모양이 나오도록 다시 세로줄의 위, 아래로 바늘을 통과시킨 후 둘째 단을 마무리합니다.

중간중간 모양을 다듬어주며 면을 채워야 예쁘게 완성돼요.

반복해서 면을 채워주면 완성!

우븐 필링 스티치 활용 예

✕ 우븐 스파이더 웹 스티치 변형 Woven spider web stitch arrange

홀수 개의 스트레이트 스티치를 기둥 삼아 위빙을 하듯이 수놓습니다. 위빙할 실을 넉넉한 길이로 잘라 수놓으세요.

❶

홀수 개의 스트레이트 스티치를 방사상으로 수놓아 기둥을 만듭니다. 반드시 홀수 개로 수놓아야 실을 위, 아래로 번갈아가며 통과시킬 수 있어요.

❷

중심과 가까운 지점에서 바늘을 빼주세요.

❸

기둥의 위, 아래를 번갈아가며 바늘을 통과시키세요. 이때 천을 뜨지 않도록 주의하세요.

❹

기둥마다 위, 아래를 번갈아가며 바늘을 통과시켜 한 바퀴 두른 모습이에요.

❺

실을 세게 당겨 바짝 조여가며 위, 아래로 계속해서 바늘을 통과시킵니다.

❻

기둥의 중간 정도까지 위빙을 한 모습이에요.

❼

중간까지 채웠다면, 기둥 사이에 스트레이트 스티치를 하나씩 수놓아 기둥을 추가해줍니다. 단, 한 곳은 제외해주세요.

★ Tip 기둥 사이마다 수를 놓으면 기둥이 짝수 개가 되어, 위, 아래를 번갈아가며 통과시킬 수 없어요.

❽

나머지 기둥이 안 보일 때까지 같은 방법으로 계속해서 위빙을 하여 면을 채워주세요.

❾

기둥 뒤쪽으로 바늘을 넣어 밑판을 마무리합니다.

자수실을 새로 길게 잘라 바늘에 꿴 다음, 기둥과 기둥 사이에서 바늘을 빼 기둥에 블랭킷 스티치를 합니다. 기둥에 바늘을 넣어 실이 바늘 아래에 있는 걸 확인한 뒤 바늘을 잡아당기세요. 이때 천을 뜨지 않도록 주의하세요!

한 땀 수놓은 모습이에요.

★ Tip 블랭킷 스티치 할 때 실을 세게 잡아당기면 쫀쫀한 느낌이 나고, 느슨하게 잡아당기면 자연스러운 느낌이 나요.

계속해서 기둥마다 블랭킷 스티치를 해서 1단 수놓은 모습이에요.

다음 단부터는 1단에서 생긴 고리에 블랭킷 스티치를 합니다. 마찬가지로 천은 뜨지 않아요.

필요한 높이만큼 블랭킷 스티치로 떠올린 후, 밑판에 바늘을 넣어 마무리하세요.

★ Tip 채반을 만들 때는 2단 정도, 바구니를 만들 때는 5~6단 정도 수놓으세요.

완성!

우븐 스파이더 웹 스티치 변형 활용 예

스미르나 스티치 Smyrna stitch

스미르나(Smyrna)는 터키 어느 지방 도시의 옛 이름이래요. 양탄자 같은 고리를 만드는 스티치로 선이나 면에 두루 쓰여요. 터키 러그 노트 스티치(Turkey rug knot stitch) 또는 기오르데스 노트 스티치(Ghiordes knot stitch)라고도 해요.

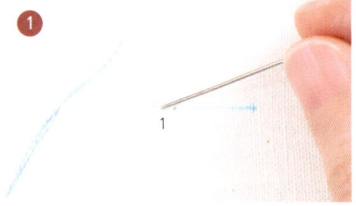

❶ 실의 매듭을 짓지 않은 상태에서 천 앞에서 시작합니다. 시작점에서 반 땀 떨어진 1로 바늘을 넣고 원하는 길이만큼 실을 남기세요.

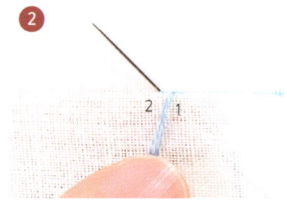

❷ 남긴 실을 엄지로 잡고 있는 상태에서 왼쪽으로 반 땀 떨어진 2(시작점)에서 바늘을 빼냅니다.

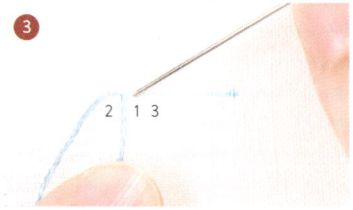

❸ 1에서 오른쪽으로 반 땀만큼 떨어진 3에 바늘을 넣어주세요.

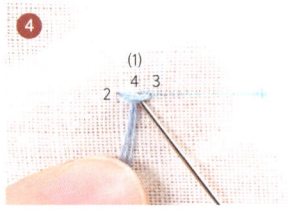

❹ 다시 왼쪽으로 반 땀만큼 떨어진 4(1과 같은 자리)로 바늘을 빼주세요. 이때 가로로 놓인 땀 아래쪽으로 바늘이 나오도록 해주세요.

❺ 한 땀을 수놓은 모습입니다.

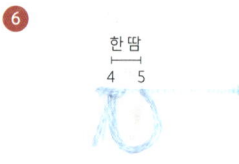

❻ 4에서 한 땀 떨어진 5에 바늘을 넣고, 실을 남겨 고리를 만들어주세요.

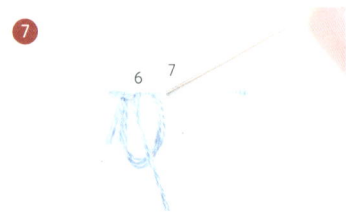

❼ 다시 왼쪽으로 반 땀 되돌아간 6에서 바늘을 빼어 7에 바늘을 넣습니다.

★ Tip 실을 세게 당기면 고리가 없어지므로 주의하세요. 엄지를 이용해 잡아주면 좋아요.

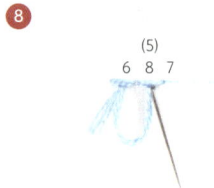

❽ 8(5와 같은 위치)에서 바늘을 뺍니다.

❾ 두 땀 수놓은 모습이에요. 계속해서 과정 6~8을 반복해 수를 놓습니다. 고리를 자를 예정이라면 고리의 크기가 조금 들쑥날쑥해도 괜찮지만, 고리를 자르지 않을 경우에는 크기를 맞춰주세요.

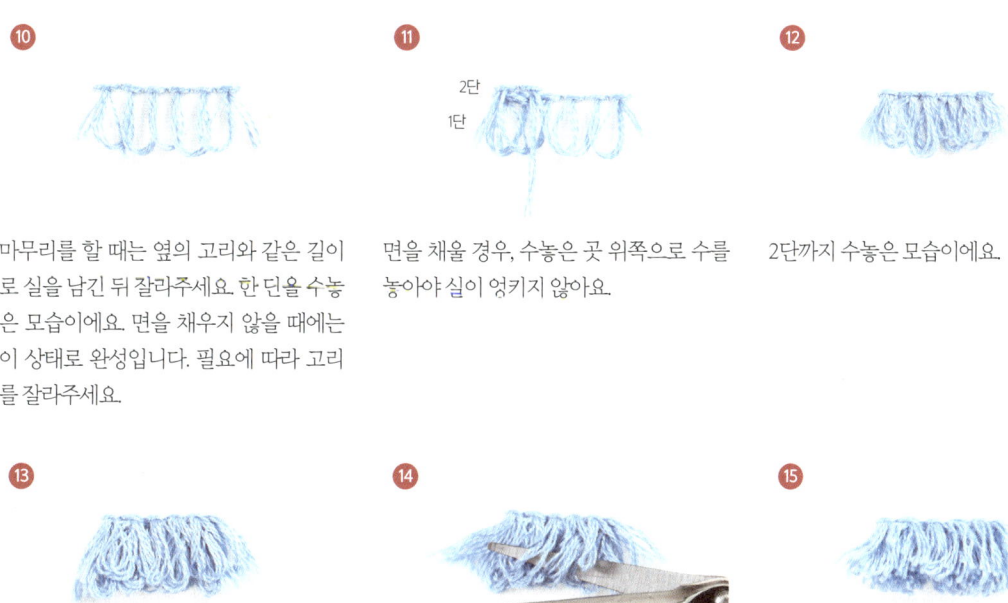

⑩ 마무리를 할 때는 옆의 고리와 같은 길이로 실을 남긴 뒤 잘라주세요. 한 단을 수놓은 모습이에요. 면을 채우지 않을 때에는 이 상태로 완성입니다. 필요에 따라 고리를 잘라주세요.

⑪ 면을 채울 경우, 수놓은 곳 위쪽으로 수를 놓아야 실이 엉키지 않아요.

⑫ 2단까지 수놓은 모습이에요.

⑬ 필요한 면을 모두 채우면 완성! 고리를 안 자른 모습이에요.

⑭ 고리를 자르고 싶을 땐, 모든 고리를 자른 뒤 길이를 정돈하세요.
★ **Tip** 빗이나 바늘을 이용해 털을 만져주면 풍성한 느낌을 낼 수 있어요.

⑮ 완성!

스미르나 스티치 활용 예

× 코디드 버튼홀 스티치 Corded buttonhole stitch

중간에 가로지르는 코드(선)가 있어서 코디드 버튼홀 스티치라고 합니다.

1

모티브의 완성선을 따라 백 스티치를 해줍니다. 이때 서로 마주 보는 변의 땀 수를 같게 해주세요.

2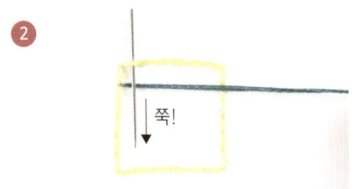

왼쪽 세로 첫 땀의 아래에서 바늘을 빼 블랭킷 스티치를 하듯이 가로 첫 땀 사이로 바늘을 넣고 당기세요. 이때 천을 뜨지 않도록 주의하고, 실이 바늘 아래에 오도록 해주세요.

3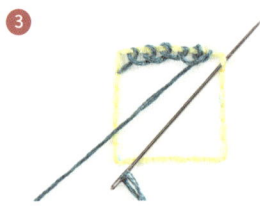

과정 2를 옆으로 옮겨가며 계속하세요. 첫 단을 모두 수놓았다면 오른쪽 세로 첫 땀 아래로 바늘을 통과시키세요.

4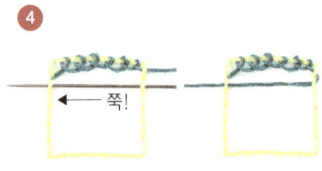

사진처럼 아래 땀으로 내려가 양옆 모서리를 가로지르도록 바늘을 통과시키세요. 가로로 길게 실이 생겼어요. 이 선을 '코드'라고 해요.

5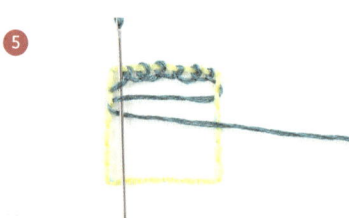

사진처럼 윗단의 땀과 코드를 함께 떠서 블랭킷 스티치를 합니다. 마찬가지로 천을 뜨지 않도록 주의하고, 실이 바늘 아래에 오도록 해주세요.

6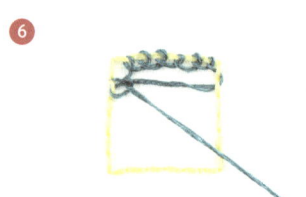

둘째 단의 한 땀을 완성한 모습이에요.

7

과정 6을 반복해 둘째 단 끝까지 수를 놓은 후, 오른쪽 세로 두 번째 땀 아래로 바늘을 통과시키세요.

8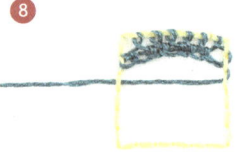

또 다시 한 땀 아래로 내려가 양옆 모서리를 가로질러 바늘을 통과시켜 코드를 만들어줍니다.

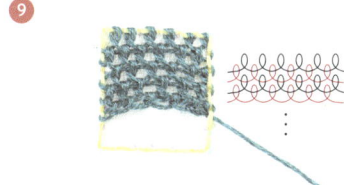  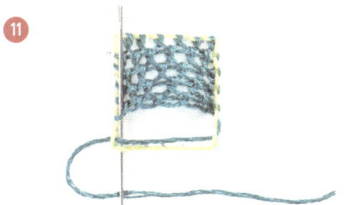

과정 5~8을 반복하며 단을 채워가세요. 그림을 참고하여 블랭킷 스티치를 하세요.
★ Tip 그림은 코를 늘리지 않고 수놓는 방법이에요.

볼륨감을 주고 싶다면 마지막 단을 하기 전, 안쪽에 준비한 패딩 재료(솜이나 펠트)를 적당히 넣어주세요.

마지막 단은 위단의 땀과 코드, 그리고 맨 아래 완성선(백 스티치)까지 함께 블랭킷 스티치를 합니다.

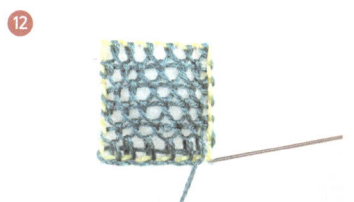 

마지막 코까지 수를 놓았다면 모서리에 바늘을 꽂아 마무리합니다.

완성!

코디드 버튼홀 스티치 활용 예

× 실론 스티치 Ceylon stitch

조밀하게 수놓으면 마치 대바늘뜨기의 메리야스뜨기를 한 듯한 모양으로 완성되는 기법이에요.

❶

모티브의 완성선을 따라 백 스티치를 해 줍니다.
★ Tip 백 스티치의 상단은 반드시 필요하지만, 좌우 그리고 하단은 경우에 따라 수놓지 않아도 됩니다.

❷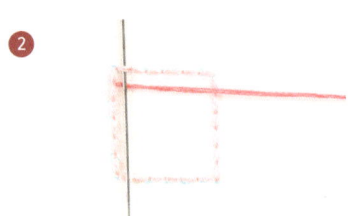

왼쪽 세로 첫 땀의 아래에서 바늘을 빼 블랭킷 스티치를 하듯이 가로 첫 땀 사이로 바늘을 넣고 바늘을 당기세요. 이때 천을 뜨지 않도록 주의하고, 실이 바늘 아래에 오도록 해주세요.

❸

과정 2를 옆으로 옮겨가며 계속하세요. 첫 단을 모두 수놓았다면 오른쪽 세로 첫 땀 아래에 바늘을 넣습니다.

❹

1단을 수놓은 모습이에요.

❺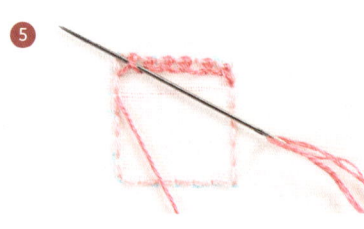

왼쪽 세로 두 번째 땀의 아래에서 바늘을 뺀 뒤 사진처럼 전 단의 고리를 꿰어주세요.

❻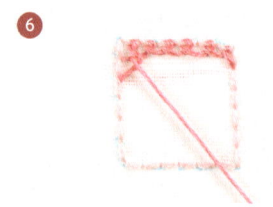

2단의 한 땀이 완성된 모습이에요. 첫 번째 고리 바로 아래에 2단의 고리가 늘어섭니다.

❼

같은 방법으로 과정 5~6을 반복해서 수를 놓으세요. 각 단을 마무리할 때는 과정 3을 참고하세요.

❽

아랫부분을 고정할 경우에는 마무리 방법이 달라요. 마지막 단의 왼쪽 세로 스티치의 아래 모서리에서 바늘을 빼 고리를 꿰어줍니다.

아래쪽 백 스티치의 두 번째 땀 사이로 바늘을 넣어주세요. 사진처럼 아래에서 위로 넣어주세요.

두 번째 고리를 꿰어주세요. 계속해서 같은 방법으로 수를 놓으세요.

오른쪽 아래 모서리에 바늘을 꽂아 마무리합니다.

완성!

실론 스티치 활용 예
(아랫부분을 고정 안 한 모습)

✕ 비즈 고정하기 Seed beads & bugle beads

시드비즈나 막대비즈 또는 구슬을 하나씩 고정할 때의 방법이에요. 커다란 비즈는 2회 이상 고정해주세요.

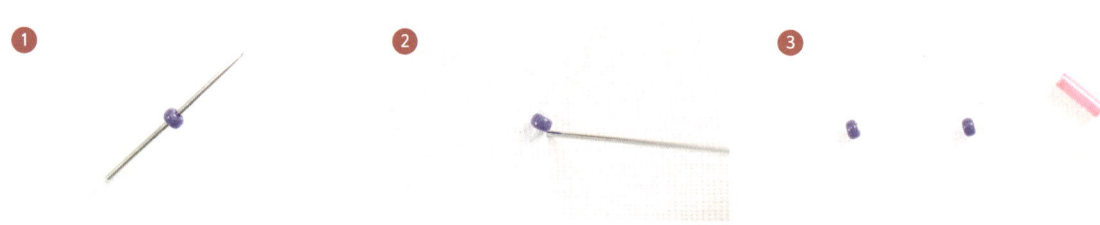

1 원단 바깥으로 바늘을 뺀 뒤, 비즈를 하나 꿰어주세요.
★ Tip 비즈의 크기에 따라 실의 가닥수와 바늘의 호수를 조절해주세요!

2 비즈의 폭만큼 떨어진 곳에 바늘을 수직으로 꽂아주세요.
★ Tip 커다란 둥근 비즈의 경우에는 비즈의 폭보다 살짝 안쪽으로 바늘을 꽂아주세요.

3 완성!

✕ 스팽글 고정하기 Spangle

스팽글은 크기에 따라 양쪽 혹은 Y자 형태로 고정해줍니다.

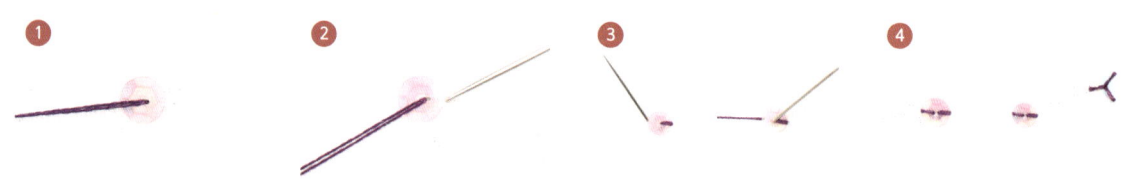

1 원단 바깥으로 바늘을 뺀 뒤, 스팽글의 앞면(움푹 파인 쪽)이 위로 오도록 꿰어주세요.

2 스팽글 바깥쪽에 바늘을 꽂아주세요.

3 반대편 바깥쪽에서 바늘을 뺀 뒤, 스팽글 구멍에 바늘을 꽂아주세요.
★ Tip Y자로 할 때도 같은 방법으로 고정해주세요.

4 완성!

비즈 활용 예

스팽글 활용 예

× **래핑 비즈** Wrapping beads

자수실로 비즈를 감싸는(wrap) 기법으로 주로 식물의 열매를 표현할 때 쓰여요.

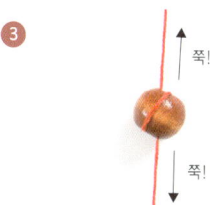

자수실을 펜 바늘에 비즈를 꿰어 실 끝에서 10cm 정도 남긴 위치에 오도록 하세요.

바늘을 비즈 구멍 아래에서 위로 통과시킨 뒤 실을 위, 아래로 당겨주세요.

구슬이 실로 덮이는 걸 확인할 수 있어요.

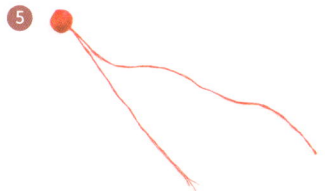

구슬 표면이 안 보일 때까지 같은 방법을 반복해주세요.
★ **Tip** 빙글빙글 돌아가면서 차곡차곡 덮이도록 해주세요.

표면을 다 덮었으면 구멍 사이로 바늘을 넣어 실이 전부 한쪽에 오도록 해주세요. 이 실을 이용해 원단에 고정하면 됩니다. 완성!

래핑 비즈 활용 예

Lettering Class
알로르의 레터링 자수

레터링 자수는 거창한 도안도, 어려운 기법도 필요 없어요.
오직 수놓을 소품과 아주 잠깐의 시간, 그리고 자수실과 바늘만 있으면 되거든요.
여러분의 일상을 아주 조금은 특별하게 만들어줄 레터링 자수,
제가 자주 사용하는 스티치 기법과 다양한 활용 예들을 보여드릴게요.

레터링 자수에 주로 쓰는 기법들

아웃라인 스티치(→ 34쪽 참고)
곡선이나 선을 표현할 때 주로 쓰는 기법으로, 제가 레터링 자수를 할 때 제일 많이 쓰는 기법이에요. 땀과 땀이 겹쳐지는 형태로 나타나기 때문에 샤프한 느낌으로 표현하고 싶을 때에는 실 가닥수를 적게 사용해주세요.

새틴 스티치(→ 40쪽 참고)
포인트를 주거나 강조하고 싶은 굵은 레터링 자수를 할 때 사용하는 기법이에요. 구획을 나누어서 채워주면 좀 더 편하게 할 수 있어요. 새틴 스티치로 면적을 채우는 작업은 좀 지루하고 힘들긴 하지만 확실한 포인트가 되지요.

백 스티치(→ 30쪽 참고)
크기가 작은 글자를 수놓을 때 주로 사용하는 기법이에요. 쉬운 기법이라 자수 초보도 손쉽게 할 수 있어서 간단하게 수놓기에는 가장 좋아요.

체인 스티치(→ 32쪽 참고)
조금 독특하게 레터링을 표현하고 싶을 때 이용하는 기법이에요. 두께가 있는 도톰한 서체를 표현할 때는 이 기법으로 면을 채우듯이 자수를 놓아도 예뻐요.

카우칭 스티치(→ 35쪽 참고)
배색이 예쁜 두 컬러로 수놓으면 좋은 스티치예요. 수놓으려는 작품에 따라 컬러를 다르게 하면 느낌이 달라져요. 손수건이나 테이블 매트 등에는 심플한 컬러 조합이 고급스러워 보이고, 아이들 옷이나 가방엔 화려한 컬러 배색이 발랄해 보인답니다.

알로르표 레터링 자수들

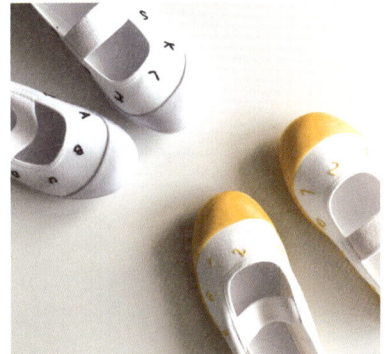

아이의 첫 입학, 시작은 늘 힘들었던 엄마인지라 아이가 새로운 시작을 한 발 한 발 차근차근 잘해나가길 바라는 맘을 담아 한 땀 한 땀, 실내화에 숫자와 알파벳, 그리고 아이의 이름을 수놓아주었어요.

숫자 & 알파벳: 체인 스티치
이름: 백 스티치

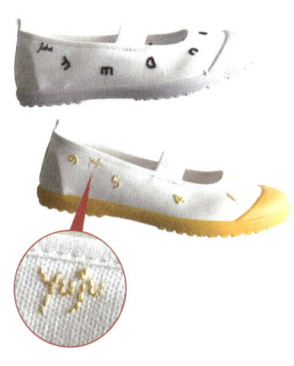

아이가 어릴 때 썼던 삐뚤삐뚤한 글씨를 수로 표현해 액자를 만들어주었어요. 아이의 낙서나 그림은 그 자체로 사랑스러운 도안이 된답니다. 자수하기 참 잘했다 싶은 순간!

레터링: 체인 스티치

아이와 반려견 호두의 생일을 위해서 한 가지 컬러로 생일 문구를 수놓아 생일 매트를 만들었어요. 심플한 매트지만 매해 생일이면 함께하는 아이템이랍니다.

레터링: 아웃라인 스티치
호두 얼굴: 링 스티치

티매트에 평소 좋아하는 문구를 여러 가지 기법과 좋아하는 배색으로 수를 놓아 지인분께 선물로 드렸던 적이 있어요. 선물 받을 사람을 떠올리며 차분히 수놓는 시간을 즐겨보세요.

레터링: 아웃라인 스티치, 카우칭 스티치, 프렌치넛 스티치, 백 스티치

Color Choice
알로르의 컬러 초이스

자수실은 색이 참 다양해서 어떻게 배색하면 좋을지 고민하는 분들, 많으시죠.
저는 선명하고 화려한 색보다는 매일매일 봐도 질리지 않는 색을 주로 사용하고 있어요.
제가 자주 사용하는 컬러의 자수실과 함께 쓰면 참 좋은 짝꿍 컬러를 소개해드릴게요.

DMC 25번 면사 ECRU

제가 제일 좋아하는 컬러, 알로르 하면 제일 먼저 떠오르는 컬러 ECRU(에크루).
새하얀 원단에 따뜻한 아이보리 컬러의 ECRU로 자수를 놓았을 때의 그 깨끗하고 차분한 느낌을 참 좋아합니다.
책 속에 담긴 면 티셔츠와 양말(90쪽)도 ECRU 컬러로 작업해서 막 세탁하고 나온 뽀얗고 개운한 느낌이 잘 표현된 것 같아요.

＋ 짝꿍 DMC 25번 면사 310
ECRU만큼이나 기본 컬러인 블랙. 펜으로 쓱쓱 그린 것 같은 자연스런 스케치 같은 작품을 수놓을 때는 주로 블랙 컬러 한 가지로 작업을 해요. ECRU가 메인인 작품에 레터링 등으로 블랙 컬러를 살짝만 더해줘도 심플하면서도 멋스러운 포인트가 되어서 자주 이용하는 조합이에요.

애플톤 크루엘 울사 991

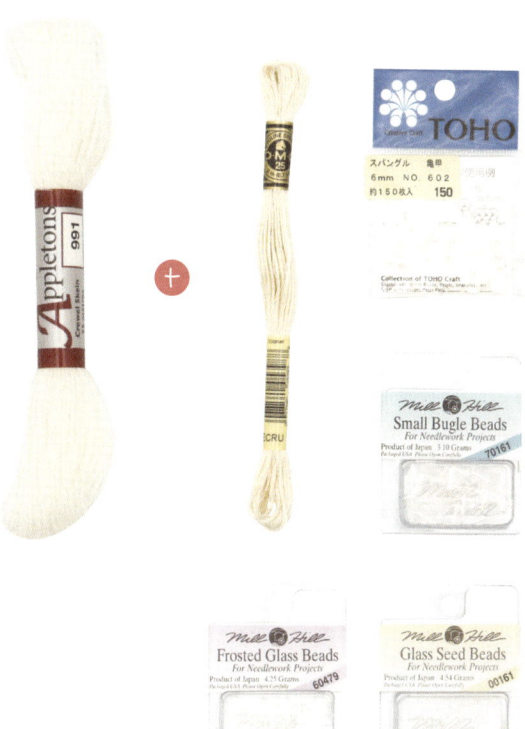

애플톤 크루엘 울사 991은 제가 가장 좋아하는 DMC 25번 면사 ECRU와 비슷할 뿐 아니라, 울 재질이라 겨울에 즐겨 쓰는 실입니다.

이 책의 양말 자수(90쪽)도 애플톤 크루엘 울사 991번으로 작업을 하면 같은 도안이라도 겨울에 잘 어울리는 따뜻하고 포근한 느낌의 울 양말로 완성된답니다. 꼭 한번 수놓아보세요.

+ 짝꿍 DMC 25번 면사 ECRU 그리고 비즈 & 스팽글

알로르 자수 정규 수업 과정 중에 입체 자수 샘플러는 DMC 25번 면사 ECRU와 애플톤 크루엘 울사 991을 메인으로 사용하고 있답니다. 비즈, 스팽글 등도 같은 ECRU톤을 사용했지만, 다양한 질감의 실과 재료들 덕분에 지루하지 않고 깔끔하게 표현되었어요.

DMC 25번 면사 939

DMC 25번 면사 833

남색은 신뢰감을 주는 색이라고 들었어요. 그래서인지는 몰라도 짙은 남색이 주는 단정함과 깔끔함을 좋아합니다.
하얀 손수건이나 테이블 매트에 939번 자수실로 이니셜이나 레터링 자수를 수놓으면 고급스러운 느낌이 나고 오래 두고 보아도 질리지 않는 작품이 되는 것 같아요. 100쪽의 알로르 핀쿠션도 939번 실로 수놓은 거예요.

+ 짝꿍 DMC 25번 면사 453
남색과 가장 궁합이 좋은 컬러는 단연 그레이! 알로르 수업 과정 기초 샘플러에도 939번에 옅은 그레이 컬러의 453번을 매치해 모던하면서도 세련된 느낌의 샘플러를 완성했어요. 옅은 그레이 컬러가 마치 고급스러운 광택의 은빛으로 보이지 않나요?

알로르 수업 과정의 기초 샘플러가 다소 심플한 듯하여 중급 수업용 샘플러는 화려한 분위기로 해볼까 하다가 찾은 컬러예요. 금빛이 살짝 도는 833번 실은 어떤 컬러와 배합하는가에 따라 분위기가 달라지는 것 같아요.

+ 짝꿍 DMC 25번 면사 648
옅은 은빛의 648번 자수실은 833번 실과 찰떡궁합입니다. 두 컬러가 이루는 조합은 참 고급스럽고 우아해요. 173쪽의 스탠드는 833번 실 대신 비슷한 톤의 3046번으로 바꿔보았는데 648번 실과 제법 잘 어울리는 것 같아요.

DMC 25번 면사 347

지나치게 화려하지 않고 따뜻한 톤의 레드 컬러라 단독으로 수놓기에도 좋고, 다른 작품에 곁들여 포인트로 쓰기 좋은 자수실입니다. 124쪽 의자의 쿠션에서는 포인트로, 바로 옆의 머그컵에서는 메인으로 사용해보았어요. 유리병 커버의 라벨(142쪽)에도 단독 사용했답니다. 조그만 레터링을 수놓고 싶을 때에도 추천드려요.

DMC 메탈사 디아망

화려한 분위기의 메탈사는 다른 자수실에 비해 다루기 좀 힘든 편이지만 적절한 곳에 포인트로 잘 사용하면 작품이 업그레이드되는 것 같아요. 생일 케이크 토퍼(154쪽)를 만들 때도 레터링이나 초를 메탈사로 작업했더니 특별한 장식 없는 심플한 케이크가 비즈, 스팽글과 조화를 이루어 훨씬 블링블링한 작품으로 완성되었어요.

Notice

- 자수의 기초와 이 책에 수록된 작품에 사용된 28가지 스티치 기법을 알려드립니다.
- 간단한 기법에서부터 입체, 비즈까지 점점 스티치 난도가 높아집니다.
- 일대일 수업을 받듯 상세한 과정컷을 수록하여 이해도를 높였습니다.
- 기법을 실제 작품에 적용한 '활용 예'도 꼭 확인하세요.

✦ chapter 1-4

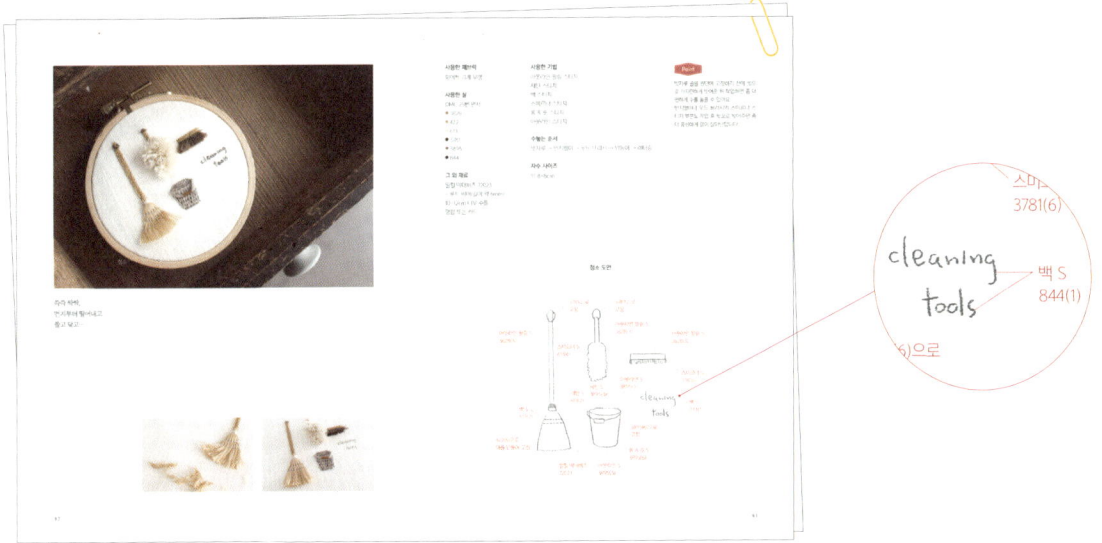

- 각 작품에 사용한 패브릭과 실, 그 외 재료, 기법 등을 표기했습니다.
- 실은 기본적으로 DMC사의 25번 면사를 사용했으며, 그 외의 실을 사용했을 경우 별도로 표기했습니다.
- 도안은 기본적으로 100% 크기로 수록했으며, 일부 축소 수록된 도안의 경우 별도로 표기했습니다.
- 수놓는 과정에 대해 설명이 필요할 경우 수놓는 과정 컷을 게재했습니다.
- Special 코너에는 각종 소품을 만드는 법이 실려있습니다.
- 도안에 표기된 사항들은 아래를 참고하세요.

[예] - 백 S 349(2) → DMC 25번사 349번 실 2가닥으로 백 스티치하기
  - 체인 S AP 445(1) → 애플톤 크루엘 울사 445번 실 1가닥으로 체인 스티치하기
  - 휘프트 체인 S 8011(6), 3862(6) → 8011번 실 6가닥으로 체인 스티치 후 3862번 실 6가닥으로 휘감기
  - 스플릿 S 434(2) + 3863(1) → 434번 실 2가닥과 3863번 실 1가닥을 한데 합쳐서 스플릿 스티치하기
  - 프렌치넛 S 3895(3)×2회 감기 → 3895번 실 3가닥으로 바늘에 2회 감아 프렌치넛 스티치하기
  - 아플리케 - 스트레이트 S 168(1) → 168번 실 1가닥으로 스트레이트 스티치 활용해 아플리케하기
  - 스트레이트 S 739(6) 후 새틴 S 739(2) → 739번 실 6가닥으로 스트레이트 스티치 후 그 위에 739번 실 2가닥으로 새틴 스티치하기
  - 밀힐 비즈 00161 / 60161 → 밀힐 비즈 00161과 60161 골고루 섞어서 고정하기
  - ' , '는 두 가지 이상의 실을 순서대로 이용하는 경우이며, ' + '는 두 가지 이상의 실을 섞어서 한데 뭉쳐 함께 사용하는 경우를,
    ' / '는 두 가지 이상의 다른 컬러의 실 또는 비즈를 각각 수놓지만 골고루 사용하는 경우를 의미합니다.

✦ 특별 부록

알로르의 일상을 담은 프랑스 자수
자수 도안집

책 속 모든 도안이 100% 실제 크기로 수록되어있는 자수 도안집입니다.
책의 손상을 막고 도안을 트레이싱지에 옮기는 번거로움을 덜어드립니다.

coffee

Chapter 1

하루의 시작

분주한 아침이지만,
그 속에서도 나만의 템포를 놓치지 말아요.

07:52 am # 일단, 양치부터

양치컵

여느 집과 마찬가지로
아침에 눈을 뜨자마자 제일 먼저 하는 건
3분간 이를 닦는 일.

사용한 패브릭
화이트 기계 무명

사용한 실
DMC 25번 면사
○ BLANC
◐ 03
● 04

그 외 재료
10~12cm 나무 수틀

사용한 기법
아웃라인 스티치
아웃라인 필링 스티치
스미르나 스티치
백 스티치

수놓는 순서
칫솔 손잡이 → 칫솔모 → 컵 → 레터링

자수 사이즈
약 6×8cm

Point
스미르나 스티치의 땀 간격을 촘촘하게 해야 칫솔모를 좀 더 풍성하게 표현할 수 있어요.

양치컵 도안

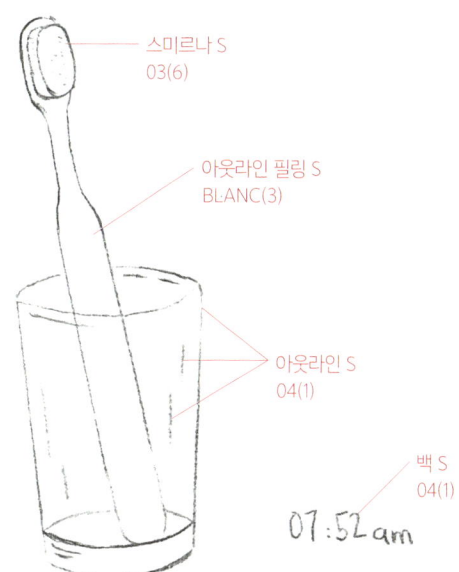

스미르나 S
03(6)

아웃라인 필링 S
BLANC(3)

아웃라인 S
04(1)

백 S
04(1)

• How to make

도안을 원단에 옮겨 그리세요.

먼저 칫솔의 테두리를 아웃라인 스티치로 수놓으세요. 곡선 부분은 땀 크기를 줄여 가며 수를 놓아야 예쁘게 표현돼요.

칫솔 손잡이 외곽부터 안쪽으로 원을 그리듯 아웃라인 필링 스티치로 채워주세요.

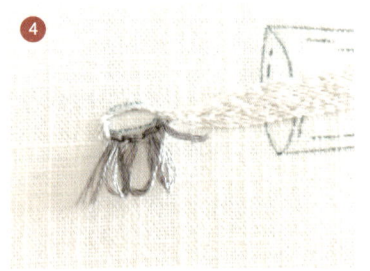

칫솔모의 아랫단부터 스미르나 스티치를 시작합니다.

★ Tip 땀 간격을 좁게 해서 고리를 많이 만들어야 고리를 잘랐을 때 칫솔모가 풍성해져요.

다음 단은 첫 단 바로 위에서 시작하세요. 스미르나 스티치를 반복해 면적을 빼곡하게 채워주세요.

고리를 가위로 자르고 적당한 길이로 다듬으세요.

컵을 아웃라인 스티치로 수놓으세요.

백 스티치로 레터링 부분을 수놓아 마무리합니다.

※ Special

수틀액자 만드는 법

자수를 할 때 정말 유용한 수틀을 액자 프레임으로 사용할 수 있어요.
수틀액자는 자수를 완성한 후에 가장 쉽게 만들 수 있는 응용 아이템이에요.

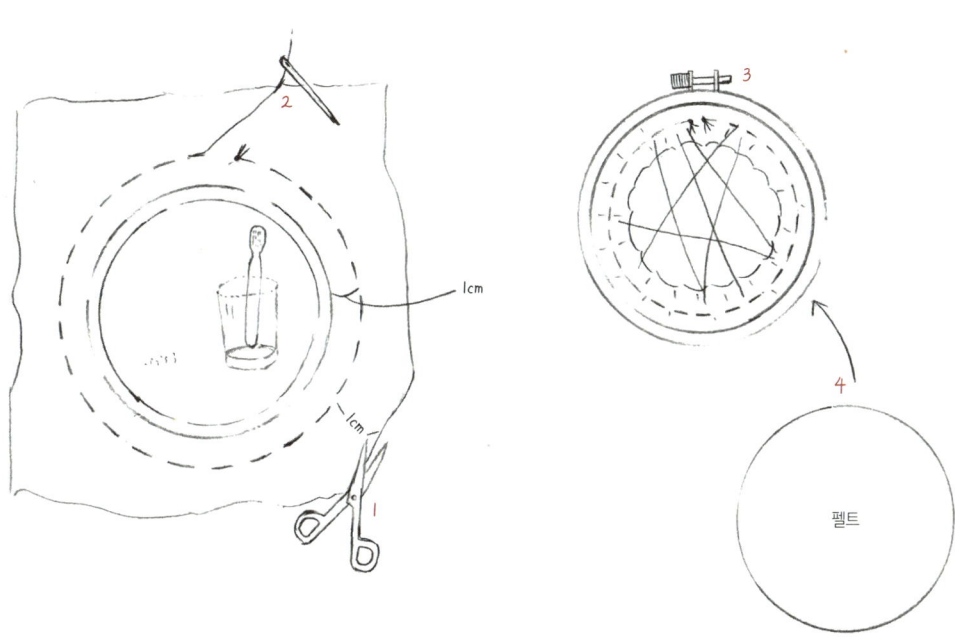

1. 수를 놓은 후, 수틀 바깥의 가장자리 원단을 1~2cm 정도 남기고 자르세요.
2. 바늘에 실을 꿰어 남긴 천에 한 바퀴 빙 둘러 러닝 스티치를 하세요.
3. 실을 잡아당겨 원단을 오므리고 그 사이를 지그재그로 바느질한 뒤 매듭지으세요.
4. 펠트를 원단 뒤쪽에 붙이면 지저분한 부분이 보이지 않아 훨씬 깔끔하답니다.

08:27 am #아침은 여유롭게

브런치 레터링

따뜻한 커피 한 잔,
갓구운 빵과 달콤한 잼…
하루를 시작하는 아침만큼은 여유롭게…

사용한 패브릭
체크무늬 리넨(60×43cm)

사용한 실
DMC 25번 면사
[브런치 레터링] ● 3799
[티타임 레터링] ● 939

사용한 기법
[브런치 레터링]
아웃라인 스티치
러닝 스티치
스타 스티치
프렌치넛 스티치

[티타임 레터링]
아웃라인 스티치
백 스티치
프렌치넛 스티치
스트레이트 스티치

자수 사이즈
각 레터링 7~14×4~6cm

Point
준비한 원단의 적당한 위치에 도안을 옮겨 그려주세요. 레터링을 수놓을 때에는 필순에 유의하며 수놓으세요.

브런치 레터링 도안
70% 축소 도안입니다.
143% 확대 복사해서 사용하세요.

아웃라인 S
3799(4)

아웃라인 S
3799(2)

아웃라인 S
3799(4)

아웃라인 S
3799(4)

아웃라인 S
3799(4)

러닝 S
3799(4)

프렌치넛 S
3799(4)×2회 감기

스타 S
3799(4)

아웃라인 S
3799(4)

러닝 S
3799(3)

아웃라인 S
3799(4)

프렌치넛 S
3799(6)×2회 감기

티타임 레터링 도안
70% 축소 도안입니다.
143% 확대 복사해서 사용하세요.

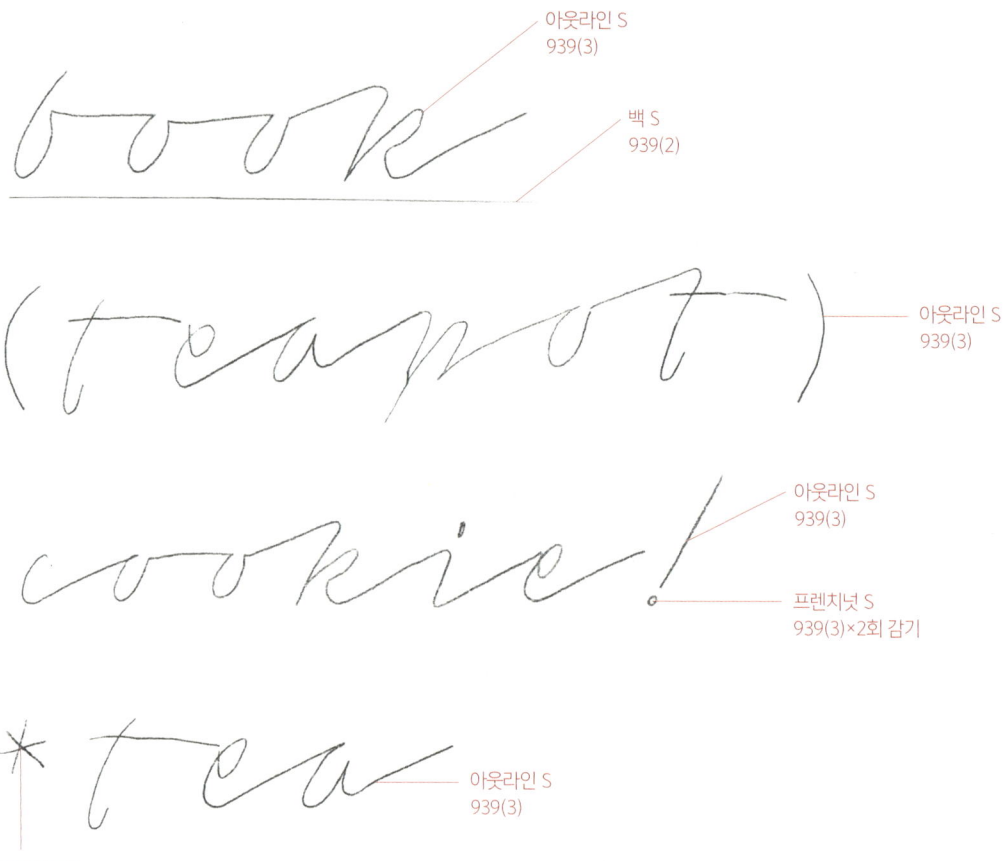

아웃라인 S
939(3)

백 S
939(2)

아웃라인 S
939(3)

아웃라인 S
939(3)

프렌치넛 S
939(3)×2회 감기

아웃라인 S
939(3)

스트레이트 S
939(3)
※선마다 끊어서 수놓으세요.

책을 읽으며 향긋한 차를 즐길 때에도
테이블 매트와 함께라면
여유가 조금 더 더해져요.

티타임 레터링

09:48 am

집을 채워주는 그림

행주를 폭폭 삶고,
뽀독뽀독 씻은 그릇을 햇볕에 소독하고,
손 걸레질로 바닥을 반짝이게 닦고…
손이 많이 가는 집안일을 좋아합니다.

설거지

말끔한 기운이 감도는 부엌.
앞치마를 질끈 묶으면
괜스레 좋아지는 기분.

사용한 패브릭
화이트 기계 무명

사용한 실
DMC 25번 면사
○ ECRU
● 703
● 349
● 3818
● 726
● 844

그 외 재료
밀힐 비즈 40161 - 크리스탈(지름 약 2mm)
투명사
수용성 원단
리넨 원단 자투리
10~12cm 나무 수틀

사용한 기법
아웃라인 스티치
스플릿 스티치
새틴 스티치
백 스티치
아웃라인 필링 스티치
비즈
아플리케 - 블랭킷 스티치

수놓는 순서
주방세제 → 접시 → 고무장갑 → 행주 → 레터링

자수 사이즈
약 8×8cm

Point
접시의 거품은 비즈를 서로 겹치도록 빼곡히 달아주면 좀 더 풍성한 느낌으로 표현할 수 있어요.

설거지 도안

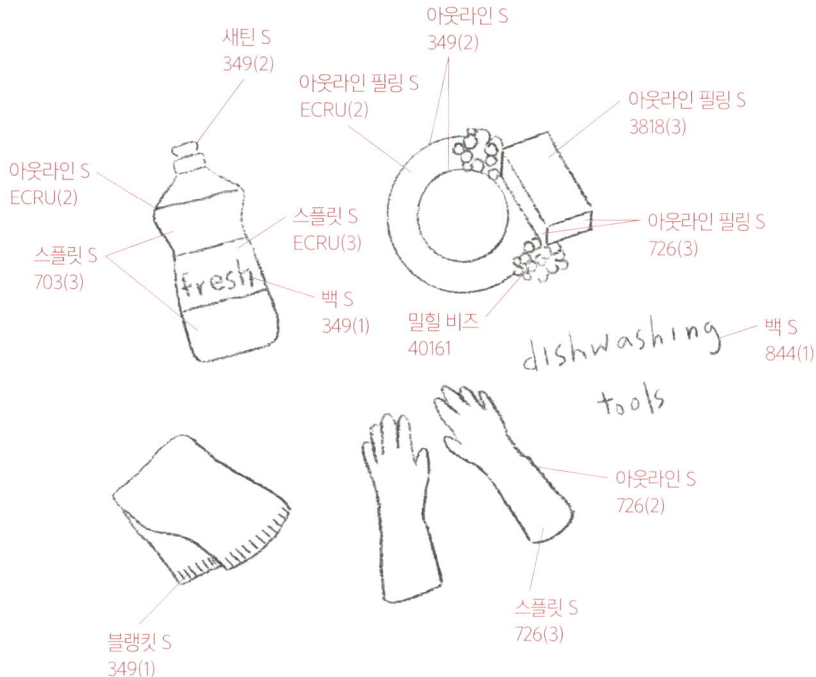

How to make

1. 원단에 도안을 옮겨 그린 후 주방세제의 윤곽을 아웃라인 스티치로, 안쪽 부분은 가로 방향으로 스플릿 스티치를, 뚜껑 부분은 새틴 스티치로 수놓으세요.

2. 수용성 원단에 글자 도안을 베껴 그리고 수놓을 원단에 시침질한 뒤, 그 위에 백 스티치를 합니다.

★ Tip 수용성 원단은 전체를 다 수놓은 뒤에 녹여주세요.

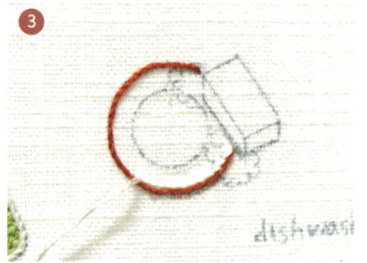

3. 접시는 바깥 부분부터 아웃라인 필링 스티치로 수놓으세요. 전체적으로 곡선이기 때문에 땀 간격을 크지 않게 해주세요.

4. 수세미를 아웃라인 필링 스티치로 수놓으세요.

5. 수세미 양옆에 비즈를 풍성하게 달아 거품을 표현하세요.

6. 고무장갑의 윤곽을 아웃라인 스티치로 수놓은 뒤, 안쪽을 세로 방향으로 스플릿 스티치로 꼼꼼하게 메워줍니다.

7. 리넨 원단을 2×4cm 크기로 잘라서 중간을 같은 컬러의 실로 한 땀 고정한 뒤, 행주의 안쪽 아랫단부터 블랭킷 스티치로 원단에 고정해주세요.

8. 행주를 비스듬하게 반으로 접어 나머지 끝부분도 원단에 블랭킷 스티치로 고정해줍니다.

9. 레터링 부분을 백 스티치로 수놓으면 완성!

쓱쓱 싹싹,
먼지부터 떨어내고
쓸고 닦고…

사용한 패브릭
화이트 기계 무명

사용한 실
DMC 25번 면사
- 3828
- 422
- 613
- 3781
- 3895
- 844

그 외 재료
밀힐 막대비즈 72023
– 루트 비어(길이 약 6mm)
10~12cm 나무 수틀
명함 또는 카드

사용한 기법
아웃라인 필링 스티치
새틴 스티치
백 스티치
스미르나 스티치
롱 & 숏 스티치
아웃라인 스티치

수놓는 순서
빗자루 → 먼지떨이 → 우드 브러시 → 양동이 → 레터링

자수 사이즈
약 8×8cm

Point
빗자루 솔을 원단에 고정하기 전에 빗으로 가지런하게 빗어준 뒤 작업하면 좀 더 편하게 수를 놓을 수 있어요.
먼지떨이나 우드 브러시의 스미르나 스티치 부분도 작업 후 빗으로 빗어주면 좀 더 풍성하게 결이 살아난답니다.

청소 도안

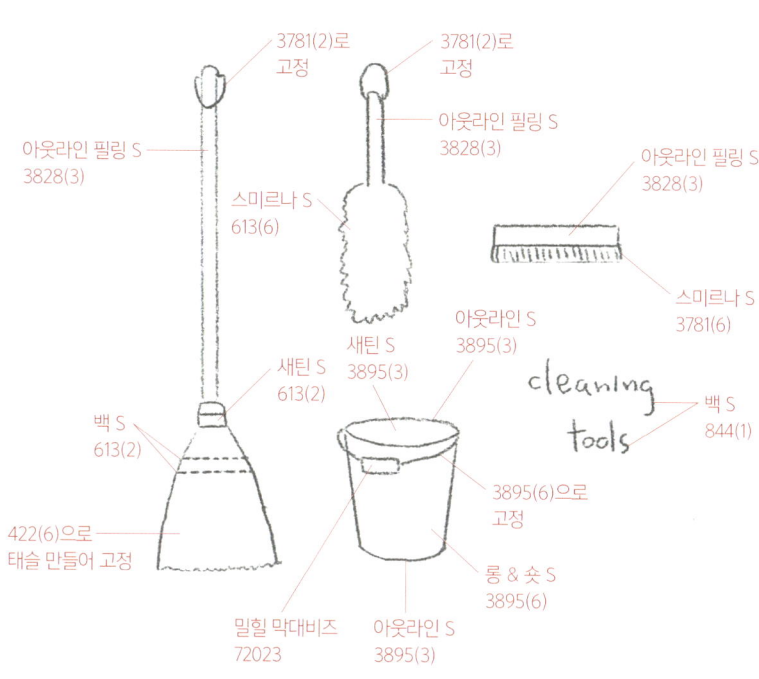

How to make

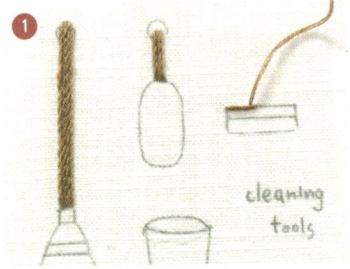

원단에 도안을 옮겨 그린 후 빗자루와 먼지떨이, 우드 브러시의 손잡이를 아웃라인 필링 스티치로 채우세요.

명함(또는 카드)에 실을 세로로 5회 정도 감아줍니다.

감은 실을 명함(또는 카드)에서 분리한 뒤, 중앙 부분을 같은 실 2가닥으로 단단하게 묶어주세요.

매듭 부분이 안쪽으로 들어가도록 반을 접고, 빗자루 손잡이 끝에서 고정해줍니다.

빗자루 솔 위쪽에 새틴 스티치를 두세 땀 정도 놓아 단단하게 고정하세요.

빗자루 솔의 아랫부분을 적당한 길이로 잘라주세요.

빗자루 솔 위에 백 스티치를 두 줄 합니다.

★ Tip 빗자루의 솔 부분을 빗질해서 평평하게 펼쳐주면 스티치하기도 편하고 빗자루 느낌을 더더욱 살릴 수 있어요.

빗자루 손잡이 윗부분에서 바늘을 뺀 뒤 적당한 크기의 고리를 만들어 뒤에서 매듭지으세요. 먼지떨이의 고리도 같은 방법으로 만들어요.

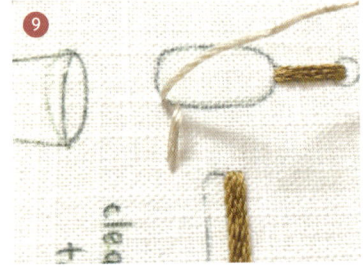

먼지떨이 솔 부분은 스미르나 스티치로 채워줍니다. 단을 나눠 작업하며, 가장 아래에서부터 수를 놓아 위로 차곡차곡 단을 쌓아갑니다.

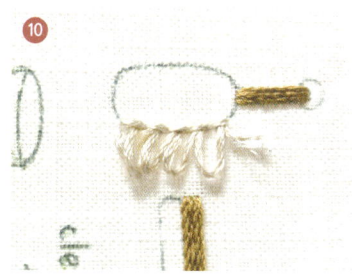

1단이 완성됐어요.

남은 면도 같은 방법으로 한 단씩 차곡차곡 채웁니다.

스미르나 스티치로 빼곡히 채운 뒤 가위로 고리를 자르고 길이를 손질하세요.

우드 브러시도 스미르나 스티치로 아래쪽부터 2단으로 채우고 고리를 자른 뒤 손질해줍니다.

양동이는 롱 & 숏 스티치로 수놓습니다. 구역을 미리 나눠주면 수놓기 한결 쉬워요.

양동이 입구와 윤곽 부분을 아웃라인 스티치로 수놓아요. 곡선 부분은 땀 크기를 작게 해야 매끄럽게 표현이 가능해요.

양동이 입구의 안쪽은 새틴 스티치로 꼼꼼하게 채웁니다.

양동이의 왼편에서 바늘을 빼서 막대비즈 하나를 끼운 뒤, 적당한 길이의 손잡이를 만든 후 오른편에 바늘을 넣어 뒤에서 매듭지어주세요.

레터링을 백 스티치로 수놓으면 완성!

빨래

아침 햇살 가득한
오늘은
빨래하기 좋은 날.

사용한 패브릭
화이트 기계 무명

사용한 실
DMC 25번 면사
- 844
- ECRU
- 597
- 3765

그 외 재료
수용성 원단
타월 원단 자투리
10~12cm 나무 수틀

사용한 기법
아웃라인 스티치
카우치트 트렐리스 스티치
아웃라인 필링 스티치
스미르나 스티치
새틴 스티치
백 스티치
아플리케 - 스트레이트 스티치

수놓는 순서
옷걸이 → 세탁 바구니 → 세탁 솔 → 가루세제 → 액체세제 → 수건 → 레터링

자수 사이즈
약 8×8cm

Point
자수로 면을 채운 부분 위에 레터링을 수놓을 땐 물에 녹는 원단에 작업해보세요.

빨래 도안

How to make

원단에 도안을 옮겨 그린 후 옷걸이를 아웃라인 스티치로 수놓으세요.

세탁 바구니의 세로 부분을 스트레이트 스티치로 수놓고, 가로 부분도 맨 아래와 맨 위를 제외하고 같은 방법으로 스트레이트 스티치로 수놓으세요.

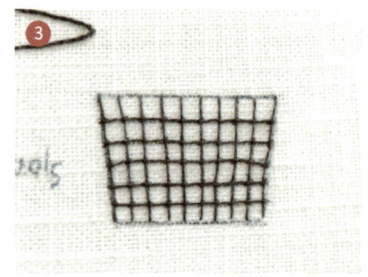

가로와 세로가 교차하는 부분마다 짧은 스트레이트 스티치 한 땀으로 고정합니다.

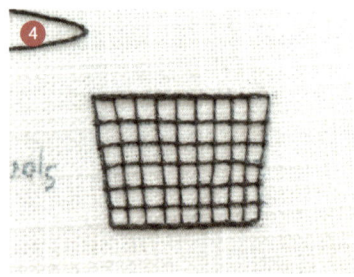

세탁 바구니의 맨 아래와 맨 위를 아웃라인 스티치로 수놓아주세요.

세탁 솔의 손잡이를 아웃라인 필링 스티치로 채우고, 솔 부분을 스미르나 스티치 2단으로 채운 뒤 고리를 잘라 손질해주세요.

가루세제의 앞면은 아웃라인 필링 스티치로, 옆면은 새틴 스티치로 채워주세요.

실 컬러를 바꿔 상표 테두리를 아웃라인 스티치로 1줄 해주세요.

가루세제의 나머지 면적도 같은 방법으로 채워줍니다.

윗면은 아웃라인 필링 스티치로 채워주세요.

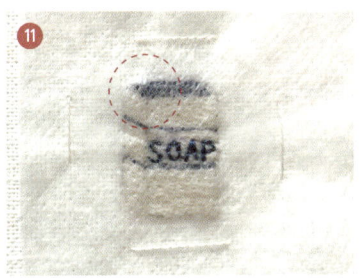

액체세제의 윤곽을 백 스티치로 수놓은 뒤 안쪽 부분을 아웃라인 필링 스티치로, 뚜껑은 새틴 스티치로 수놓아줍니다.

수용성 원단에 도안을 베껴 그리고 수놓을 부분에 고정한 후 백 스티치와 새틴 스티치로 글자와 뚜껑을 수놓아주세요.

액체세제도 같은 방법으로 글자를 수놓아주세요.

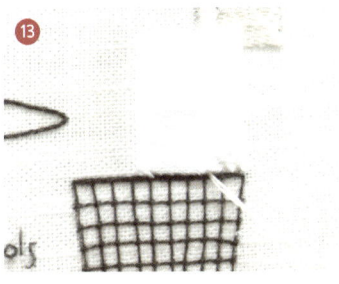

타월 원단을 1.5×2cm 크기로 잘라 세탁바구니 끝에 걸치듯이 한 땀씩 스트레이트 스티치로 고정해줍니다.

레터링 부분을 백 스티치로 수놓아주면 완성!

11:22 am # 가끔은 손빨래

양말

햇살의 냄새가 그대로 스며든
뽀송뽀송 잘 마른
새하얀 빨래들.

사용한 패브릭
화이트 기계 무명

사용한 실
DMC 25번 면사
○ ECRU
● 939

그 외 재료
10cm 나무 수틀

사용한 기법
새틴 스티치
스플릿 스티치
백 스티치
프렌치넛 스티치

수놓는 순서
목둘레 → 몸통 → 소매 → 세탁 기호

자수 사이즈
약 5×7cm

Point

부위별로 결을 다르게 수놓으면 한결 또렷한 작품을 만들 수 있어요.
몸통처럼 면적이 넓은 부분은 구획을 나누어 옷의 결을 따라 수놓으면 깔끔하고 균일하게 완성돼요.

티셔츠 도안

새틴 S
ECRU(2)

스플릿 S
ECRU(3)

백 S
939(1)

프렌치넛 S
939(1)×2회 감기

사용한 패브릭
화이트 기계 무명

사용한 실
DMC 25번 면사
○ ECRU
● 939

그 외 재료
10cm 나무 수틀

사용한 기법
오픈 휘프트 스파이더 웹 스티치
아웃라인 필링 스티치
새틴 스티치
백 스티치
프렌치넛 스티치

수놓는 순서
입구 → 몸통 → 발가락 부분 → 뒤꿈치 → 레터링

자수 사이즈
약 5×8cm

Point
양말의 몸통 부분을 채울 때 구획을 나누어서 채우면 전체적으로 깔끔하고 균일하게 채울 수 있어요.

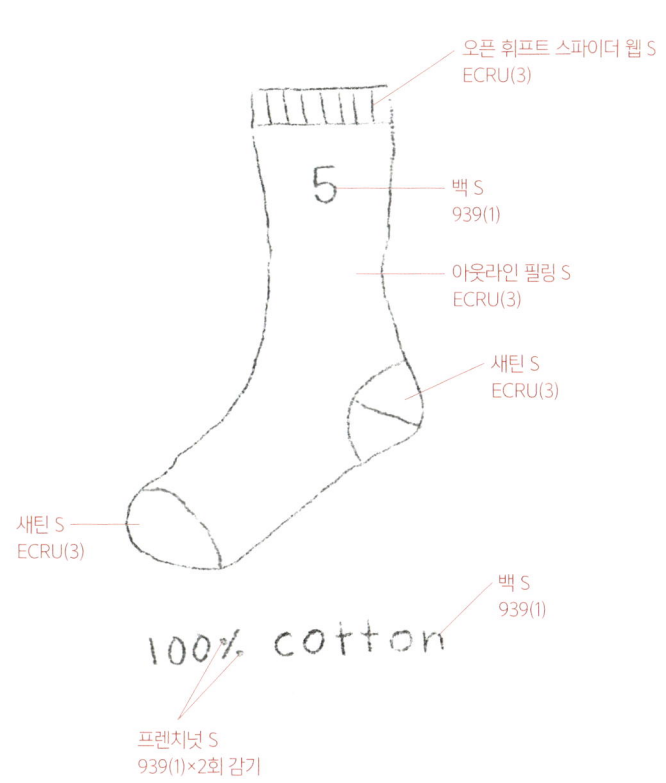

양말 도안

오픈 휘프트 스파이더 웹 S
ECRU(3)

백 S
939(1)

아웃라인 필링 S
ECRU(3)

새틴 S
ECRU(3)

새틴 S
ECRU(3)

백 S
939(1)

프렌치넛 S
939(1)×2회 감기

소란했던
오전의 끝…

Chapter 2
나만의 시간

오롯이 좋아하는 일을 즐기며 보내는
나만의 시간, 시간들.
조금만 더 천천히 흘러갔으면…

13:45 pm
수놓는 시간

자수 수업을 마치고 나면 찾아오는
나만의 자수 시간.
좋아하는 공간을 채우는 좋아하는 소품 수놓기.

알로르 핀쿠션

꽃 핀쿠션

숫자 핀쿠션

빈티지 쿠키틀이나 에그컵(coquetier) 등을
활용해 만든 알로르표 핀쿠션.
수업할 때에도 요긴하게 쓰고 있어요.

사용한 패브릭
[알로르] 화이트 기계 무명
[꽃] 11수 화이트 리넨
[숫자] 체크무늬 면

사용한 실
DMC 25번 면사
[알로르] ● 349 ● 939
[꽃] ● 648
[숫자] ● 3822 ● 3818

그 외 재료
핀쿠션 틀 또는 유리컵
방울솜
글루건
[꽃] 밀힐 비즈 02060 - 크레용 오렌지(지름 약 2.5mm)
밀힐 비즈 02059 - 크레용 옐로(지름 약 2.5mm)

사용한 기법
[알로르] 백 스티치
[꽃] 아웃라인 스티치
비즈
[숫자] 새틴 스티치

수놓는 순서
[꽃] 줄기 → 비즈

자수 사이즈
[알로르] 약 3×1cm
[꽃] 약 6×3cm
[숫자] 약 1×2cm

Point
각 도안의 원은 옮겨 그리지 않아도 됩니다.
[알로르] 원하는 레터링으로 바꿔 나만의 핀쿠션을 만들어보세요.
[꽃] 비즈를 더 풍성하게 달거나 다른 컬러로 변경해도 좋아요.
[숫자] 무늬가 있는 천을 활용하면 단순한 도안도 다르게 보인답니다.

알로르 핀쿠션 도안

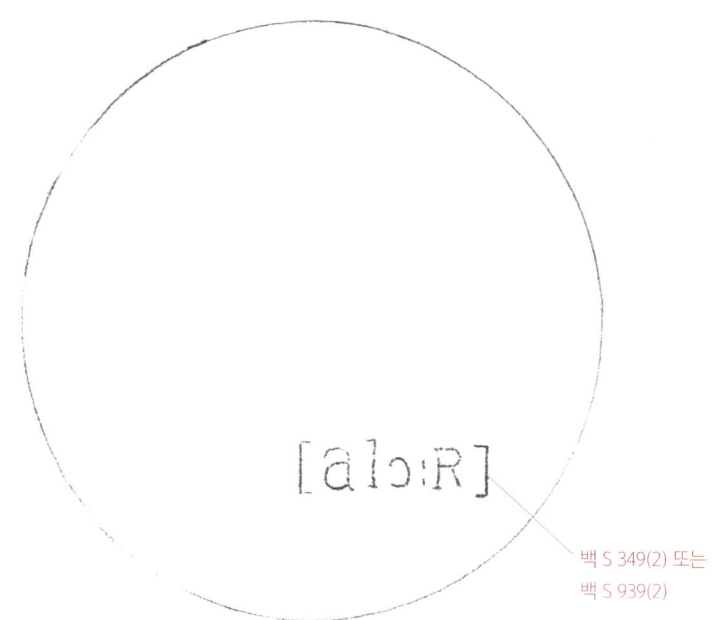

백 S 349(2) 또는
백 S 939(2)

꽃 핀쿠션 도안

숫자 핀쿠션 도안

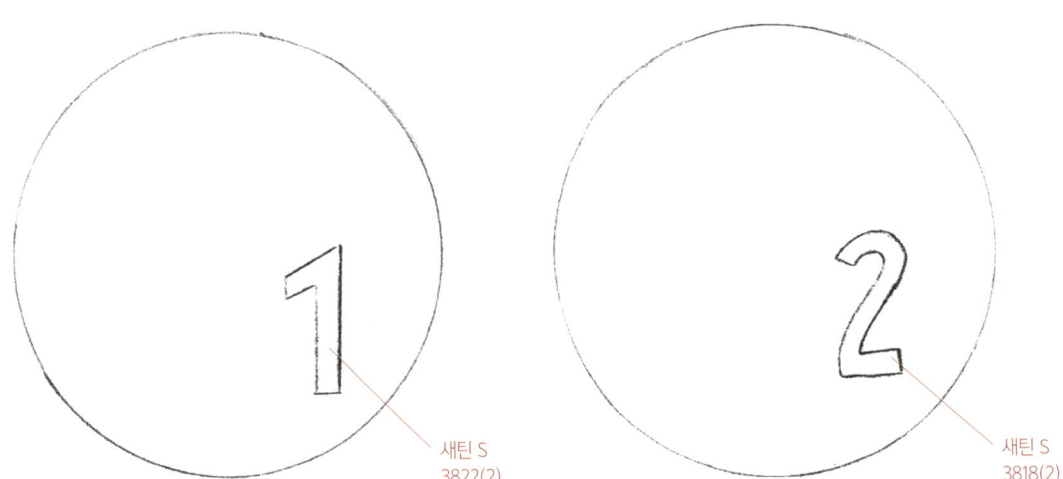

* Special

핀쿠션 만드는 법

자수로 만드는 소품 중에서도 단연 인기인 핀쿠션.
쉽게 만들 수 있는 데다가 유용하기 때문이죠.

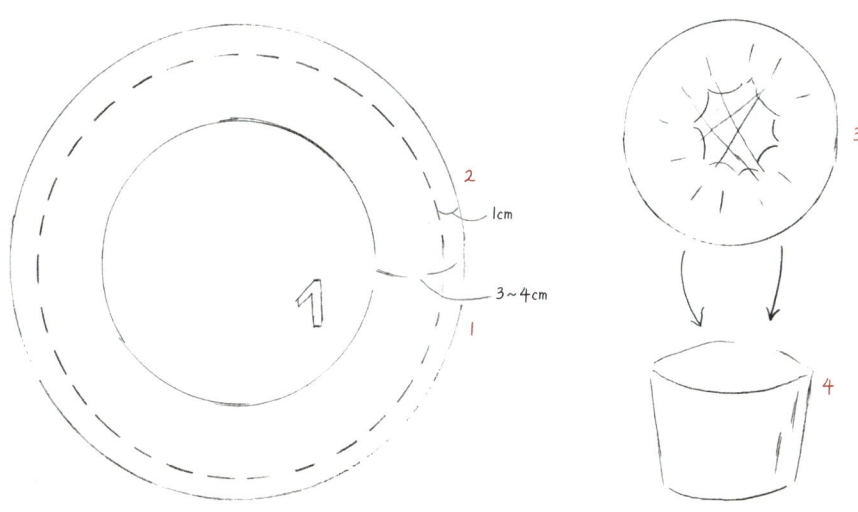

1. 완성된 자수를 중심으로 3~4cm 정도 더 큰 원을 그리고 재단합니다.

2. 바깥에서 1cm 떨어진 지점에서 듬성듬성 러닝 스티치를 해서 동그랗게 오므립니다.

3. 동그란 모양이 되도록 안에 방울솜을 충분히 채운 후 지그재그로 마무리하여 매듭을 지으세요.

4. 글루건을 이용해서 준비한 틀에 고정해주면 완성!

연필

작업복을 입고 자수를 하면
왠지 수가 술술술 더 잘 놓이는 느낌.
오늘은 무얼 수놓아볼까요.

사용한 패브릭
화이트 리넨 에이프런

사용한 실
DMC 25번 면사
- 844
- 738
- 3852
- 3884
- 3830

사용한 기법
아웃라인 필링 스티치
새틴 스티치
백 스티치
프렌치넛 스티치
스트레이트 스티치

수놓는 순서
연필 몸 부분 → 연필 지우개 →
연필심 → 레터링

자수 사이즈
약 12×8cm

Point
시중에서 쉽게 구할 수 있는 에이프런에 수를 놓아보세요. 세상에 하나뿐인 나만의 아이템으로 변신한답니다.

연필 도안

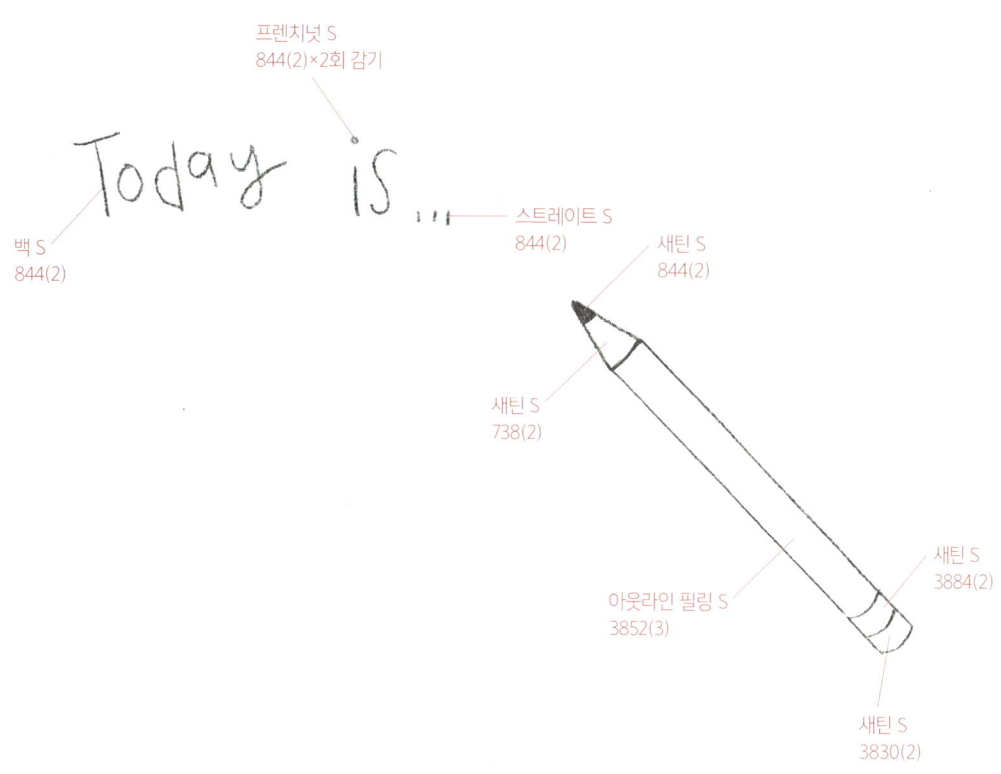

시계, 안경, 컵

의자, 스웨터, 머그

일상 속에 쉽게 마주하는 친숙한 소품들을
자수로 수놓는 걸 좋아해요.
조금은 색다르게 보이거든요.

사용한 패브릭
화이트 기계 무명

사용한 실
DMC 25번 면사
● 310

그 외 재료
나무 액자

사용한 기법
아웃라인 스티치
스트레이트 스티치

자수 사이즈
[시계, 안경, 컵] 약 17×4cm
[의자, 스웨터, 머그] 약 15×6cm

Point
간단한 기법과 한 가지 컬러의 자수실로도 심플하고 센스 있는 액자를 완성할 수 있어요.

시계, 안경, 컵 도안

별도 표기 제외한 나머지 아웃라인 S 310(1)

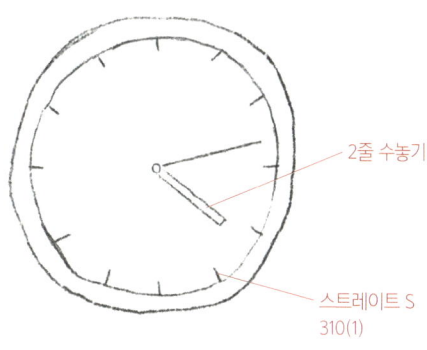

2줄 수놓기

스트레이트 S
310(1)

스트레이트 S
310(1)

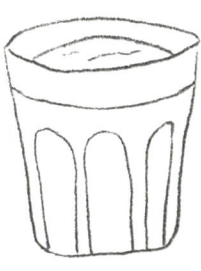

의자 스웨터 머그 도안

별도 표기 제외한 나머지 아웃라인 S 310(1)

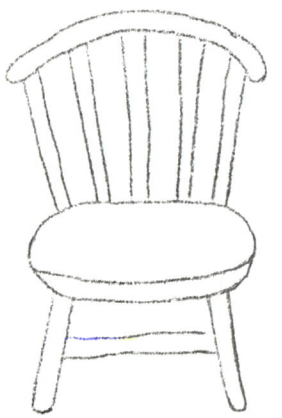

스트레이트 S 310(1)

* Special

액자 만드는 법

수놓은 작품을 수틀액자 말고 진짜 '액자'에 끼워보세요.
한층 더 작품처럼 느껴진답니다.

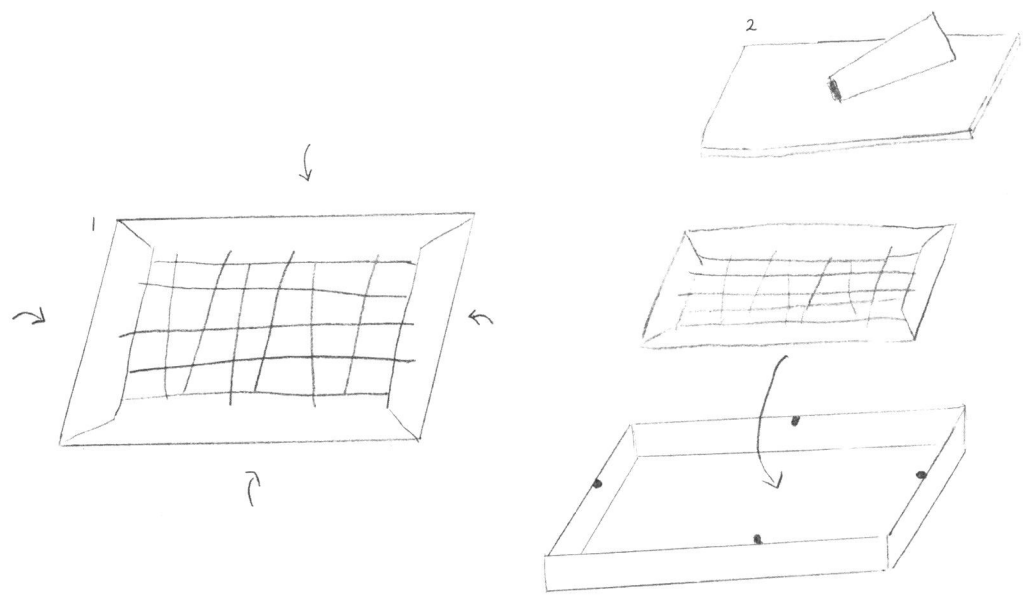

1. 자수 원단을 사용할 액자보다 3~4cm 정도 여유 있게 재단한 후 액자 뒤판에 원단을 접어 그림처럼 지그재그로 바느질하여 고정해줍니다.

2. 액자에 자수 작품을 끼우고 뒷면을 닫으면 완성!

14:26 pm
느긋한 티타임

모두와 함께, 때때론 혼자서 즐기는 차 시간.
오늘은 어떤 차를 마실까,
매일매일 행복한 고민.

차 도구

차 한 잔이 건네는 위로와 온기.
점점 깊어지는 다도에 대한 태도와 생각들…

사용한 패브릭
11수 화이트 리넨

사용한 실
DMC 25번 면사
- 3045
- 869
- 433
- 3053
- ECRU

그 외 재료
접착솜
다리미

사용한 스티치
우븐 필링 스티치
아웃라인 스티치
프렌치넛 스티치
스트레이트 스티치
새틴 스티치
스플릿 스티치

수놓는 순서
바구니 → 차선 → 차칙 → 찻잔 → 차호(찻주전자)

자수 사이즈
약 17×3cm

Point
면을 채우는 스티치를 할 때는 부위마다 수놓는 결의 방향을 달리 하면 경계가 살아나요.

차 도구 도안

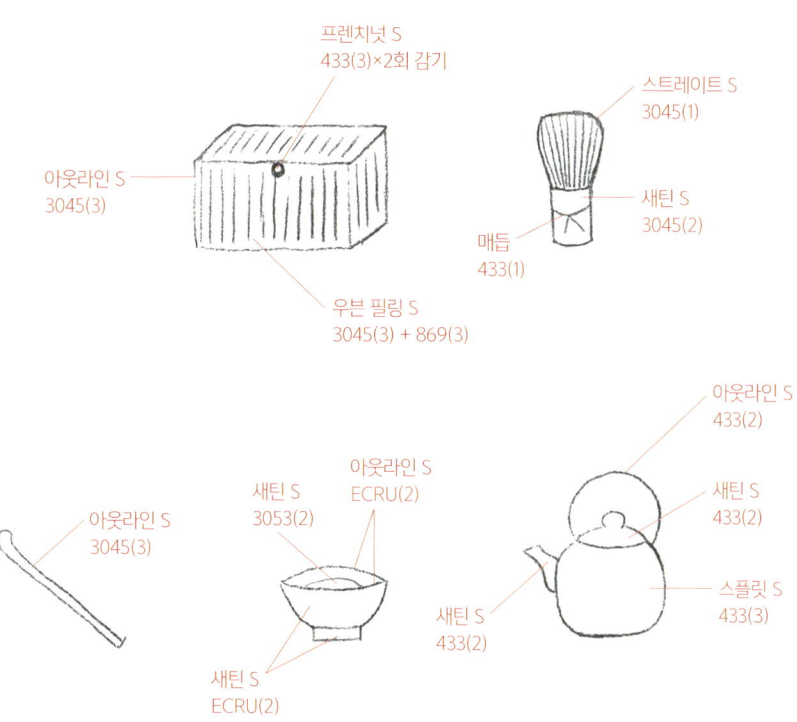

* Special

티코지 만드는 법

티코지는 찻주전자 속의 물이 식지 않도록 보호해주는 도구예요. 바느질 기술이 꽤 요구되는 어려운 소품이지만, 만들어두면 두고두고 사용할 수 있어요.

준비물

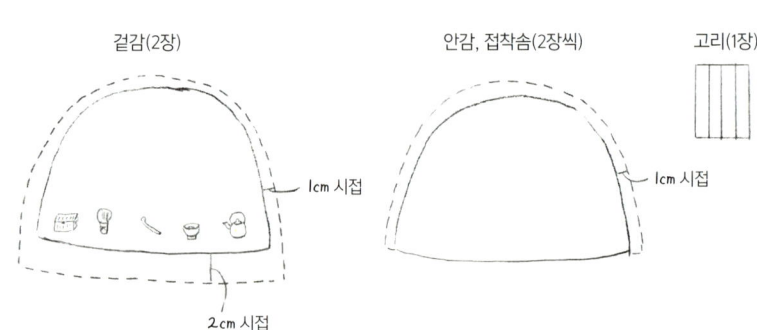

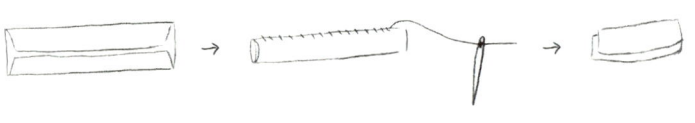

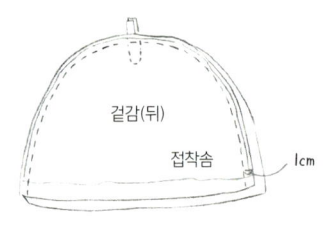
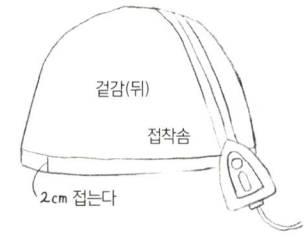
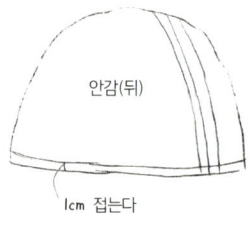

1. 고리 원단을 양쪽에서 접고 한 번 더 반으로 접은 후 옆을 꿰매고 반으로 접어둡니다.

2. 자수를 놓은 겉감의 뒷면에 다림질로 접착솜을 붙여주세요. 나머지 겉감의 뒷면에도 같은 방법으로 접착솜을 붙여주세요. 겉감의 앞면이 마주 보게 겹친 뒤 그 사이에 고리를 끼운 다음, 시접을 1cm 두고 바느질합니다.

3. 시접을 다림질해서 양옆으로 가르고 아랫단을 2cm 접어올립니다.

4. 안감은 2장을 앞이 마주 보게 겹쳐놓고 겉감과 같은 방법으로 만든 뒤 아랫단을 1cm 접어올리고 뒤집어줍니다.

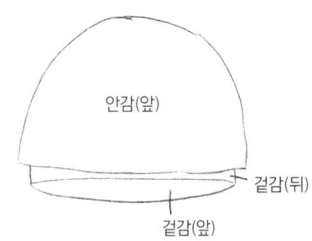
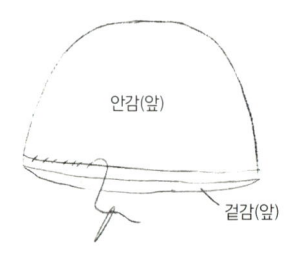
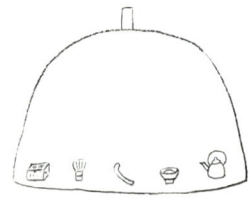

5. 그림처럼 겉감에 안감을 씌워줍니다.

6. 그림처럼 겉감에 안감을 꿰매줍니다.

7. 뒤집어주면 완성!

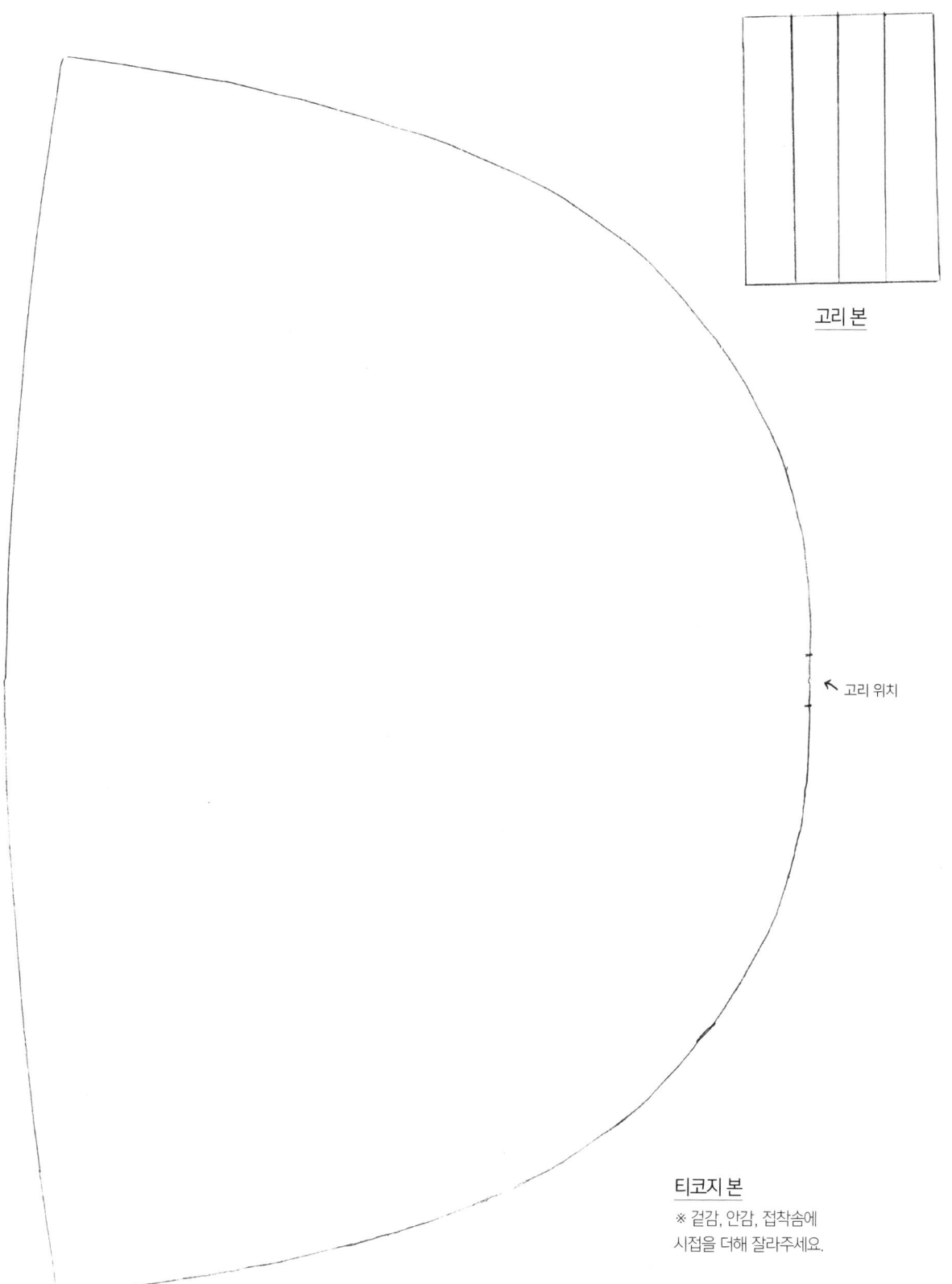

고리 본

← 고리 위치

티코지 본
※ 겉감, 안감, 접착솜에
시접을 더해 잘라주세요.

티백 홍차

정성 들여 찻잎으로 우려낸 홍차도 좋지만,
티백 홍차로도 충분히 여유를 즐길 수 있어요.

사용한 패브릭
화이트 기계 무명

사용한 실
DMC 25번 면사
○ ECRU
● 3810
● 3830
● 355
● 535

그 외 재료
10cm 나무 수틀

사용한 기법
스플릿 스티치
백 스티치
러닝 스티치
스트레이트 스티치

수놓는 순서
컵 → 소서 → 티백
※티백은 별도의 천에 수놓아 잘라주세요.

자수 사이즈
약 6×5cm

Point
스플릿 스티치만 사용해서 면을 채우지만, 자수 결 방향을 각각 다르게 진행해주면 단조롭지 않게 표현할 수 있어요.

티백 홍차 도안

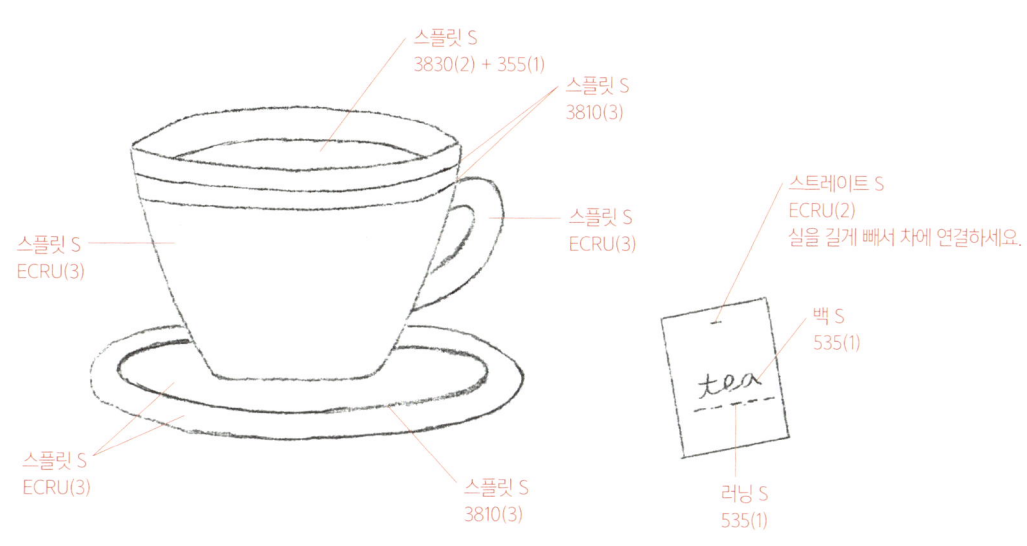

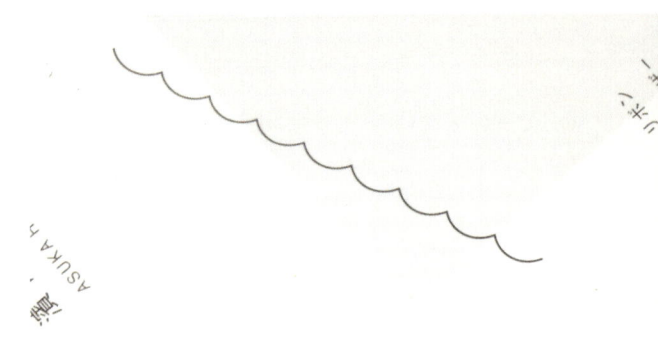

15:02 pm
책 읽는 시간

바늘로 한 땀 한 땀 수를 놓는 것처럼
누군가 한 자 한 자 눌러 쓴 글을
마음에 담습니다.

하얀 문

분홍 문

나무 문

책은 또 다른 세계로 통하는 문이죠.
오늘은 어떤 문을 열어볼까요?

사용한 패브릭
화이트 기계 무명

사용한 실
[나무 문]
DMC 25번 면사
● 433
● 801
● 3818
DMC 디아망
● D3821
[하얀 문]
DMC 25번 면사
○ ECRU
● 3884
[분홍 문]
DMC 25번 면사
● 152
● 3884
● 939
DMC 디아망
● D3821

그 외 재료
펠트(화이트 또는 아이보리)
수예용 본드
올 풀림 방지액
아일렛
아일렛 펀치
볼체인
[나무 문]
밀힐 비즈 02062
- 크레용 라이트 크림슨(지름 약 2.5mm)
[하얀 문]
밀힐 비즈 40777
- 포푸리 중 금색(지름 약 2mm)
클리어 파일 조각
네임펜

수놓는 순서
[나무 문] 문 → 리스 → 손잡이 →
리본(디아망 D3821 1가닥으로 만들어 고정)
[하얀 문] 문 → 손잡이 →
open 사인(클리어 파일에 네임펜으로 적어 고정)
[분홍 문] 문 → 손잡이 → 17 넘버

사용한 기법
[나무 문]
스플릿 스티치
백 스티치
스미르나 스티치
비즈
새틴 스티치
[하얀 문]
롱 & 숏 스티치
아웃라인 스티치
새틴 스티치
비즈
[분홍 문]
아웃라인 필링 스티치
백 스티치
새틴 스티치
프렌치넛 스티치

자수 사이즈
[나무 문] 약 2×6cm
[하얀 문] 약 2×5cm
[분홍 문] 약 2×6cm

나무 문 도안

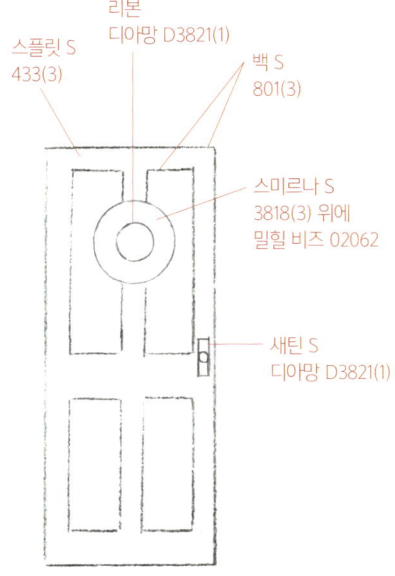

스플릿 S
433(3)

리본
디아망 D3821(1)

백 S
801(3)

스미르나 S
3818(3) 위에
밀힐 비즈 02062

새틴 S
디아망 D3821(1)

하얀 문 도안

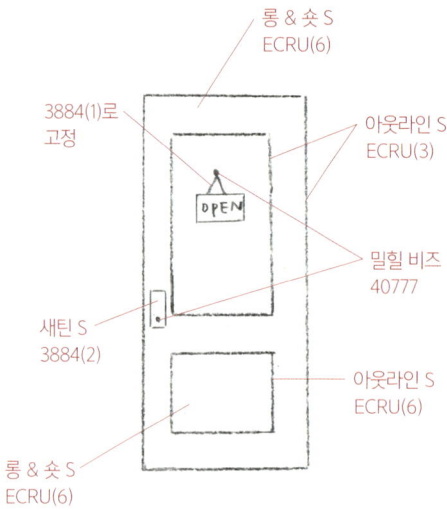

분홍 문 도안

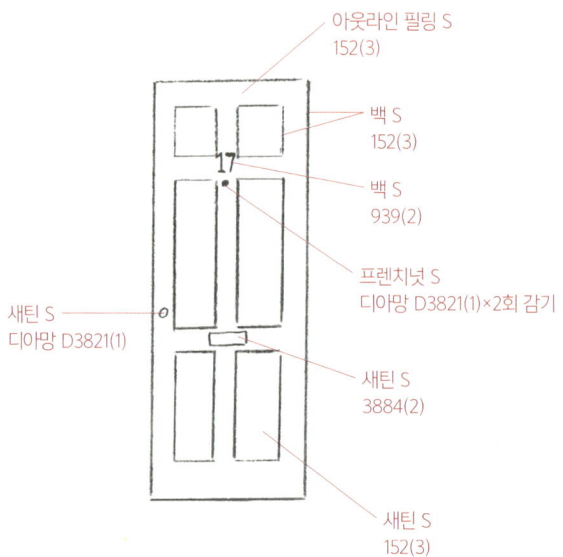

✱ Special

책갈피 만드는 법

수놓은 천에 펠트를 덧대어 붙이기만 하면 완성되기 때문에
초보자도 쉽게 만들 수 있어요.

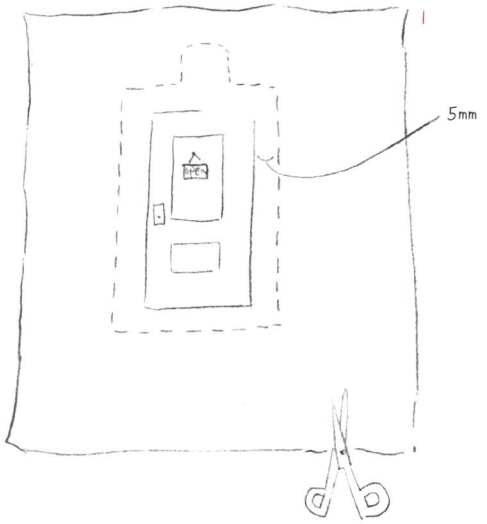

1. 자수를 완성한 다음 5mm 여백을 남기고 원단을 자르세요.
★ Tip 올 풀림 방지액을 테두리에 발라주면 올 풀림을 방지할 수 있어요.

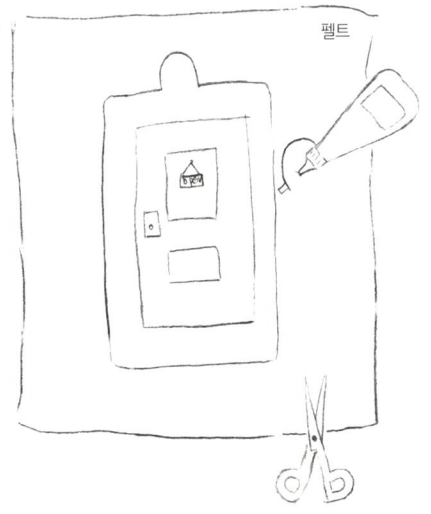

2. 펠트에 수예용 본드를 발라 원단의 뒷면에 붙이고 원단과 같은 크기로 펠트를 잘라줍니다.

3. 상단에 펀치 등으로 구멍을 낸 후 아일렛 펀치로 아일렛을 달고 원하는 장식 고리를 달아주면 완성!

코코아

의자

흔들의자에 쿠션 끼고 앉아
코코아 한 잔 곁들이며
책 읽는 참 편안한 한때.

사용한 패브릭
화이트 기계 무명

사용한 실
[의자]
DMC 25번 면사
● 801
● 347
애플톤 크루엘 울사
● 981
[코코아]
DMC 25번 면사
● 801
● 3863
● 347
○ ECRU

그 외 재료
펠트(화이트 또는 아이보리)
수예용 본드
올 풀림 방지액
아일렛
아일렛 펀치
리본끈
[의자] 방울솜

사용한 기법
[의자]
아웃라인 필링 스티치
새틴 스티치
코디드 버튼홀 스티치
[코코아]
스플릿 스티치
백 스티치
아웃라인 필링 스티치
아웃라인 스티치

수놓는 순서
[의자] 의자 → 쿠션
[코코아] 머그 → 코코아 → 스푼

자수 사이즈
[의자] 약 4×6cm
[코코아] 약 4×3cm

Point
코디드 버튼홀 스티치로 쿠션을 만들 때 안쪽에 방울솜을 넣으면 입체감 있는 쿠션을 표현할 수 있어요!
쿠션의 포인트를 위해 자수실을 바꿀 때는 6단에서 마무리를 지은 뒤 새 실로 코드를 만들어 수를 놓아주세요.

의자 & 코코아 도안

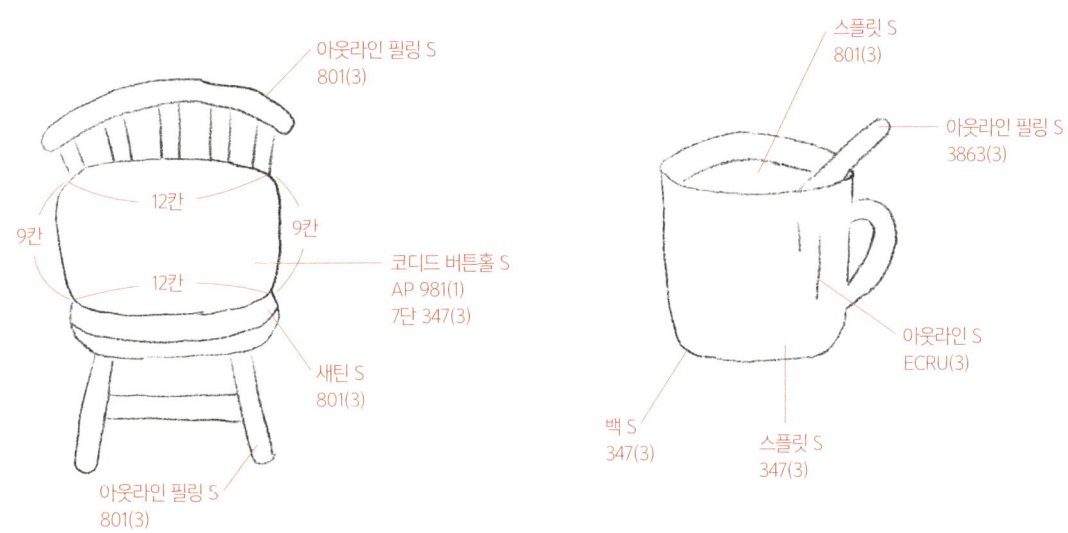

16:34 pm #산책 시간

말풍선 & 푸들

우리 집 막둥이 호두와 함께하는
타박타박 동네 산책.

사용한 패브릭
화이트 캔버스 운동화

사용한 실
DMC 25번 면사
[말풍선]
● 349
[푸들]
● 434
● 310

사용한 기법
[말풍선]
백 스티치
체인 스티치
프렌치넛 스티치
[푸들]
링 스티치
프렌치넛 스티치

수놓는 순서
[말풍선]
레터링 → 말풍선
[푸들]
푸들 얼굴, 귀 → 눈, 코

자수 사이즈
[말풍선] 약 4×4cm
[푸들] 약 3×2cm

Point
운동화에 자수를 할 때는 손이 깊은 곳까지 들어가지 않아서 마무리매듭을 짓기가 힘들어요. 그럴 땐, 뒷면의 자수한 부분에 실을 몇 번 감아 마무리해주세요.

말풍선 & 푸들 도안

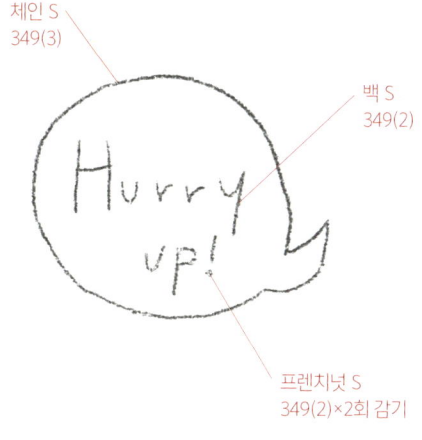
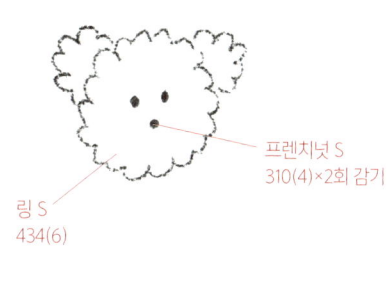

체인 S
349(3)

백 S
349(2)

프렌치넛 S
349(2)×2회 감기

프렌치넛 S
310(4)×2회 감기

링 S
434(6)

17:00 pm # 때때로 소풍

햇살이 따뜻할 때는 집 근처로 피크닉을 가요.
좋아하는 책을 챙기거나
자수용품을 챙기고!

사용한 원단
화이트 기계 무명

사용한 실
DMC 25번 면사
- ● 3862
- ● 801
- ○ ECRU
- ● 347
- ● 3895
- ● 500
- ● 367
- ● 823
- ● 3864
- ● 3830
- ● 645

그 외 재료
18cm 나무 수틀
수용성 원단

사용한 기법
우븐 필링 스티치
아웃라인 스티치
휘프트 체인 스티치
아웃라인 필링 스티치
백 스티치

수놓는 순서
피크닉 바구니 몸통 → 바구니 손잡이 →
리넨 클로스 → 보온병 → 컵 → 책 → 레터링

자수 사이즈
약 10×7cm

Point
바구니의 손잡이를 수놓을 때 체인 스티치의 땀 크기를 작게 해야 손잡이의 곡선 부분이 매끄럽게 표현되고, 휘프팅을 할 때 꼬임이 살아있는 손잡이를 만들 수 있어요.
수놓은 면 위에 레터링을 수놓을 때는 수용성 원단을 활용하세요.

피크닉 도안

차는 늘 좋아요

Chapter 3
함께하는 저녁

잠시 집을 비웠던 식구들이
한데 모이는
우리 집이 가장 따뜻한 시간.

18:13 pm
\# 마트에 가면

오늘 저녁은 뭐 먹지?
일단, 장바구니와 지갑을 들고
장을 보러 가볼까요.

한아름 장을 보고 오는 길.
잘 구워진 바게트부터
신선한 파프리카에 상큼한 레몬까지.

장바구니

사용 패브릭
캔버스 에코백

사용한 실
DMC 25번 면사
○ ECRU
● 3895
○ BLANC
● 310
● 437
● 801
● 726
● 3345
● 3346
● 471
● 321
● 434
● 436

그 외 재료
수용성 원단

사용한 기법
스플릿 스티치
새틴 스티치
프렌치넛 스티치
백 스티치
아웃라인 스티치
스트레이트 스티치

수놓는 순서
가방 → 오일병 , 콜리플라워 →
스낵 → 레몬 → 브로콜리 → 파프리카 →
바게트 → 셀러리 → 레터링

자수 사이즈
약 5×7cm

Point
밋밋한 무지 에코백에 수놓으면 예쁜 장바구니로 변신! 가방을 스플릿 스티치와 새틴 스티치로 꼼꼼하게 채운 후 나머지를 수놓으세요.

장바구니 도안

프렌치넛 S×2회 감기
3345(2) / 3346(2) / 471(2)

새틴 S
726(2)

아웃라인 S
471(1) + 3346(1)

백 S
801(2)

새틴 S
471(2)

스트레이트 S
471(1) + 3346(1)

스플릿 S
437(3)

프렌치넛 S
ECRU(2)×2회 감기

새틴 S
3895(2)

새틴 S
436(2)

새틴 S
310(2)

스트레이트 S
310(1)

새틴 S
321(2)

스플릿 S
434(2) + 436(2)

새틴 S
BLANC(2)

백 S
310(1)

새틴 S
ECRU(3)

스플릿 S
ECRU(3)

동전지갑

예, 맞아요
쇼핑은 언제나 옳아요
Oui, oui.

※oui는 프랑스어로 '예, 그렇습니다'란 뜻이에요.

사용한 패브릭
체크무늬 면

사용한 실
DMC 25번 면사
- 17
- 3340

그 외 재료
플라스틱 프레임 10cm(+지끈)
2온스 접착솜
수예용 본드
다리미
송곳

사용한 기법
스미르나 스티치
스트레이트 스티치
새틴 스티치
프렌치넛 스티치

자수 사이즈
약 5×3cm

Point
새틴 스티치를 수놓을 때 안쪽에 스트레이트 스티치를 먼저 여러 땀 수놓은 뒤, 그 위에 새틴 스티치를 해주면 도톰하게 입체감 있는 스티치가 돼요.

동전지갑 도안과 본
17 또는 3340

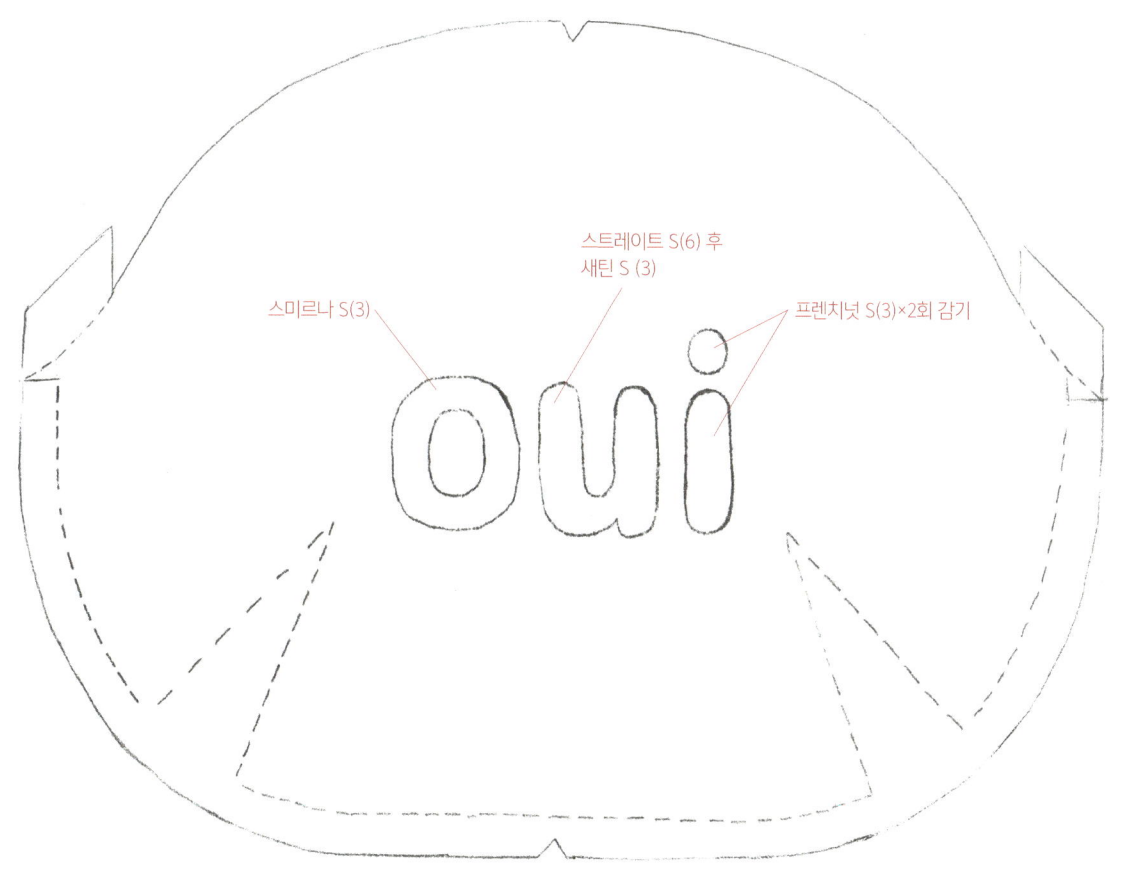

스미르나 S(3)
스트레이트 S(6) 후 새틴 S (3)
프렌치넛 S(3)×2회 감기

✱ Special

동전지갑 만드는 법

요즘은 동전지갑을 쓰는 일이 줄었지만, 해외여행 갈 때는 참 유용하죠.
프레임마다 만드는 법은 조금씩 달라요.
여기에서는 플라스틱 프레임을 이용해
입체감 있는 동전지갑 만드는 법을 알려드릴게요.

준비물

겉감, 안감 각각 2장씩   2온스 접착솜

―――――― 재단 선
- - - - - - 바느질 선 & 다트 선

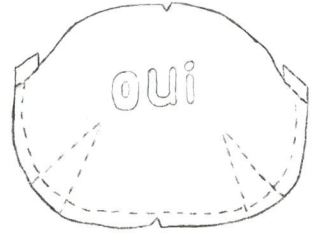

겉감과 안감은 각각 2장씩 시접없이 본대로 재단합니다.
2온스 접착솜은 안쪽의 바느질 선과 다트 선(- - -)에 맞춰 잘라주세요.
재단한 접착솜을 이용해 겉감과 안감에 바느질할 곳을 표시해도 좋아요.

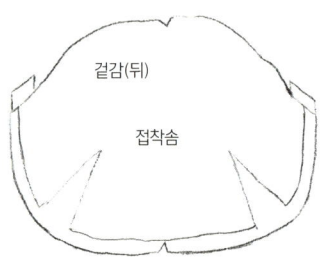

1. 2온스 접착솜을 겉감의 뒷면에 다림질해 붙이세요.
안감은 접착솜을 사용하지 않습니다.

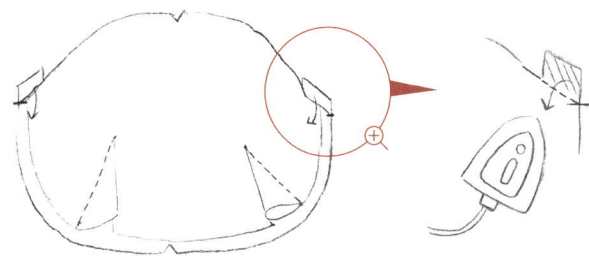

2. 겉감과 안감 각각 다트를 그림처럼 바느질합니다(총 4장).
바느질한 다트 시접은 안쪽으로 눕혀주세요.
입구 주변의 빗금 부분을 각각 원단 안쪽으로 접어 다리미로 꺾어 눌러줍니다.

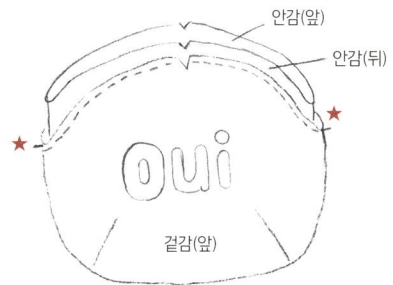

3. 겉감은 겉감끼리, 안감은 안감끼리 각각 앞면이 마주 보게 겹친 후 ★표가 표시된 부분까지 바느질합니다.

4. 겉감과 안감을 뒤집어 겉감의 뒷면과 안감의 뒷면이 마주 보도록 겉감 안에 안감을 넣고 그림처럼 입구 주변에서 2mm 떨어진 지점에 바느질합니다.
★ Tip 바느질한 부분은 프레임 안쪽으로 집어넣어 가려질 거라 겉에서 바로 바느질을 해도 괜찮아요. 창구멍을 따로 내지 않아 쉽게 할 수 있어요.

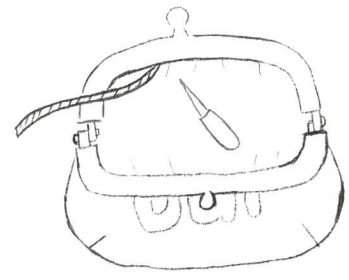

5. 프레임 안쪽에 수예용 본드를 바른 뒤, 좌우 균등하게 주름을 잡아가며 송곳으로 천을 프레임 안쪽까지 밀어 넣으세요. 이때 프레임의 중심과 원단의 중심이 어긋나지 않도록 주의하세요.
프레임과 천 사이에 지끈을 밀어 넣어 완성합니다.
★ Tip 지끈은 플라스틱 프레임 구입 시 함께 들어있어요. 지끈이 포함되어 있지 않을 경우에는 마끈 등을 넣어주세요. 플라스틱 프레임은 마찰력이 약해서 쉽게 미끄러지기 때문에 지끈을 넣어주는 게 좋아요.

18:57 pm #유통기한 챙기기

라벨

유통기한이 언제까지였더라?
이 잼을 언제 만들었었지?
라벨을 보면 바로 알 수 있어요.

사용한 패브릭
10수 아이보리 리넨

사용한 실
DMC 25번 면사
● 347

그 외 재료
올 풀림 방지액

사용한 기법
아웃라인 스티치

자수 사이즈
약 15×15cm (지름 약 9cm 유리병 기준)

Point
유리병에 직접 만든 수제 잼이나 캔디, 쿠키 등을 담고 날짜를 수놓아 주변에 선물해보세요.

라벨 도안
50% 축소 도안입니다.
200% 확대 복사해서 사용하세요.

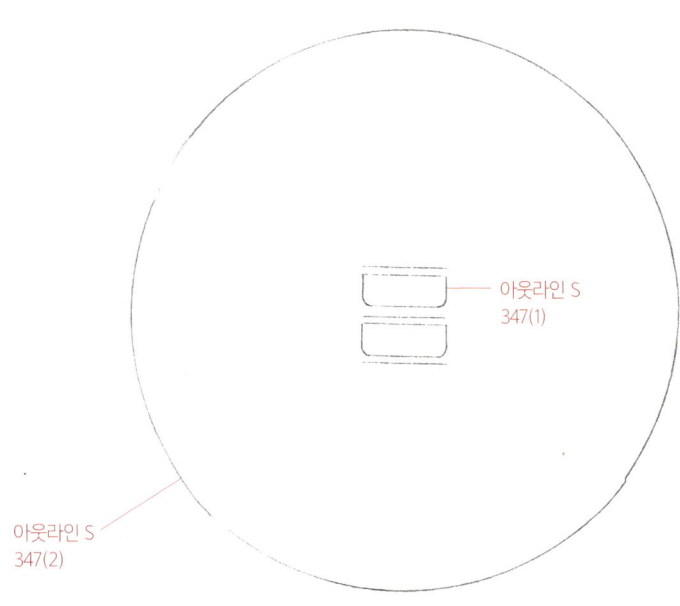

아웃라인 S
347(1)

아웃라인 S
347(2)

* Special

유리병 커버 만드는 법

커버를 씌울 뚜껑 크기에 따라 완성 사이즈도 달라져요.
뚜껑의 지름보다 5~6cm 더 크게 원단을 잡아 작업하세요.

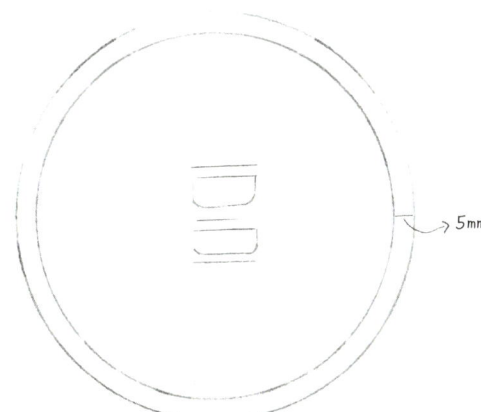

1. 바깥쪽으로 5mm 정도 여유를 두고 원단을 자릅니다.
★ **Tip** 원단 테두리에 올 풀림 방지액을 발라주면 올이 풀리는 현상을 방지할 수 있어요.

2. 뚜껑을 감싸고 끈으로 한 바퀴 두른 후 단단히 묶어주세요.

19:19 pm # 단정한 살림

주방 식기

내 손길이 하나하나 닿아있는
우리 집 부엌 살림살이들.

사용한 패브릭
화이트 기계 무명

사용한 실
DMC 25번 면사
- 3895
- 310
- 434
- 3863
- 3862
- 3045

그 외 재료
18cm 나무 수틀

사용한 기법
스플릿 스티치
새틴 스티치
아웃라인 스티치
프렌치넛 스티치
아웃라인 필링스티치
우븐 스파이더 웹 스티치
체인 스티치
블랭킷 스티치
링 스티치

수놓는 순서
주전자 → 가위 → 부엌칼 →
우드 주걱 → 채반 → 냄비 받침 →
우드 볼 → 국자

자수 사이즈
약 12×10cm

Point
냄비 받침은 먼저 체인 스티치를 하고 그 위를 블랭킷 스티치로 덮어주면 도톰하게 표현할 수 있어요.
채반은 기둥을 세울 때 꼭 홀수로 세워야 해요. 반 정도 수를 놓은 후에 추가로 기둥을 세울 때에도 기둥 사이의 한 곳을 비워서 기둥이 꼭 홀수가 되도록 해야 합니다!

주방 식기 도안

• How to make

① 원단에 도안을 옮겨 그린 후 주전자의 몸통과 주둥이를 각각 스플릿 스티치로 채우세요.

② 주전자의 뚜껑과 손잡이는 새틴 스티치로, 손잡이의 연결부위는 아웃라인 스티치로 수놓아주세요. 주전자 완성!

③ 주방 가위의 손잡이를 아웃라인 스티치로 수놓고, 가윗날은 스플릿 스티치로 채운 뒤, 이음쇠는 프렌치넛 스티치를 해주세요.

④ 부엌칼의 날 부분은 스플릿 스티치와 새틴 스티치로 채우고, 손잡이 부분은 아웃라인 필링 스티치로 채운 뒤, 그 위에 프렌치넛 스티치를 해주세요.

⑤ 우드 주걱은 자연스러운 나무 느낌을 표현하기 위해 두 가지 실을 섞어서 스플릿 스티치를 합니다.

⑥ 채반의 밑판을 만들 기둥을 세워줍니다. 이때 기둥은 꼭 홀수로 세워야 합니다. 13개의 기둥을 스트레이트 스티치로 세워주세요.

⑦ 기둥 사이의 중심과 가까운 곳에서 바늘을 빼주세요.

⑧ 기둥 아래와 위를 교차해가며 밑판의 절반 정도를 채우세요.

★ Tip 스티치 사이를 바늘귀 쪽으로 통과시키면 실이 갈라질 우려가 없어요.

⑨ 중간 정도까지 채운 후에 기둥 사이에 스트레이트 스티치로 기둥을 하나씩 더 늘려줍니다. 이때도 전체 기둥은 홀수개가 되어야 하니 한 군데는 기둥을 늘리지 마세요. 기둥은 총 25개여야 해요.

❿ 같은 방법으로 기둥의 아래, 위를 교차해가며 밑판의 나머지 절반도 채운 뒤 마무리하세요.

⓫ 이제 채반의 옆판을 만들 차례! 밑판의 기둥에 바늘을 넣어 블랭킷 스티치를 해주세요.

⓬ 두번째 단은 블랭킷 스티치 고리에 바늘을 걸어 한 단 더 블랭킷 스티치를 해줍니다.

⓭ 채반 완성!

⓮ 냄비 받침은 먼저 체인 스티치로 안을 채운 뒤, 그 위에 블랭킷 스티치로 촘촘하게 덮어주세요.

⓯ 링 스티치로 냄비 받침의 고리를 만들어주세요.

⓰ 우드 볼은 자연스러운 나뭇결을 수성펜 등으로 그린 뒤, 그 결 방향을 따라 스플릿 스티치로 채우세요. 받침은 새틴 스티치로 수놓으세요.

⓱ 국자도 각 부분을 스플릿 스티치로 수놓은 뒤 손잡이 부분을 새틴 스티치로 마무리합니다.

149

19:52 pm # 여행의 맛

멜론 소다, 푸딩, 에그 샌드위치, 우동, 오므라이스, 딸기 찹쌀떡

여행의 추억이 고스란히 담겨있는
낯선 여행지에서의 음식들.

사용한 패브릭
화이트 기계 무명

사용한 실
DMC 25번 면사
[멜론 소다]
- 648
- 699
- 739
- 349

[푸딩]
- 301
- 739
- 648

[에그 샌드위치]
- 739
- 745
- BLANC
- 699

[우동]
- 3777
- 310
- 739
- 3347
- 3345
- 760

[오므라이스]
- 312
- 307
- 349
- 3345
- 471

[딸기 찹쌀떡]
- 957
- BLANC
- 321
- 838

그 외 재료
펠트(화이트나 아이보리)
올 풀림 방지액
자석
수예용 본드
글루건
[멜론 소다]
밀힐 비즈 16617
- 프로스트 레드 레드(지름 약 4mm)

수놓는 순서
[멜론 소다] 컵 → 멜론 소다 → 아이스크림 → 체리 → 체리꼭지
[푸딩] 푸딩 → 접시
[에그 샌드위치] 식빵 → 에그 샐러드
[우동] 그릇 → 면 → 파 → 어묵
[오므라이스] 접시 → 계란 → 케첩 → 방울토마토 → 아스파라거스
[딸기 찹쌀떡] 포장접시 → 찹쌀떡 → 딸기 → 팥소

자수 사이즈
[멜론소다] 약 2×4cm
[푸딩] 약 3×3cm
[에그 샌드위치] 약 3×3cm
[우동] 약 3×3cm
[오므라이스] 약 4×3cm
[딸기 찹쌀떡] 약 2×3cm

사용한 기법
[멜론 소다]
아웃라인 스티치
새틴 스티치
스플릿 스티치
스트레이트 스티치
비즈
드리즐 스티치

[푸딩]
스플릿 스티치
아웃라인 스티치
블랭킷 스티치

[에그 샌드위치]
스플릿 스티치
프렌치넛 스티치

[우동]
아웃라인 스티치
프렌치넛 스티치
새틴 스티치

[오므라이스]
아웃라인 스티치
스트레이트 스티치
새틴 스티치
카우칭 스티치

[딸기 찹쌀떡]
새틴 스티치
스플릿 스티치
프렌치넛 스티치

Point
작품 자체가 크지 않아
초보라면 수놓기 어려울 수 있어요.

멜론 소다, 푸딩, 에그 샌드위치, 우동, 오므라이스, 딸기 찹쌀떡 도안

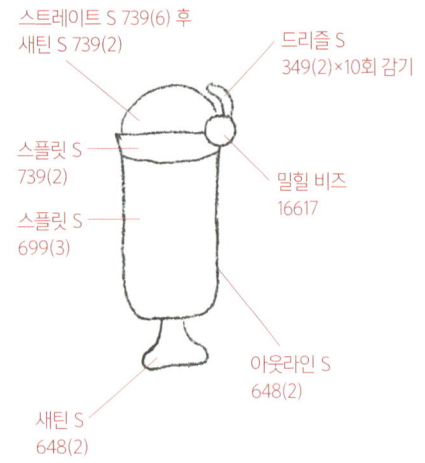

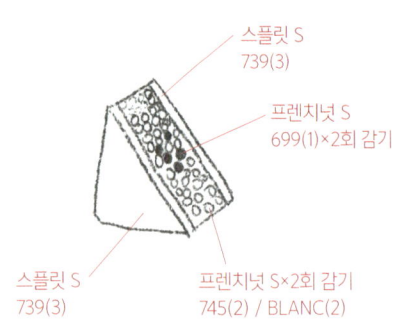
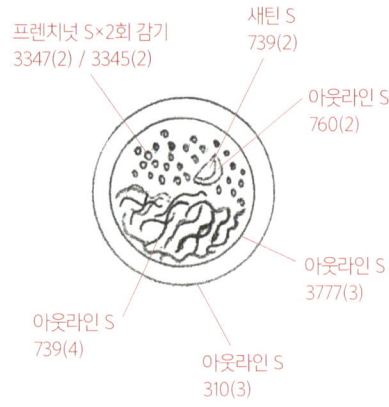

* *Special*

마그넷 만드는 법

수놓은 원단 뒤에 펠트를 덧댄 후 자석을 붙이기만 하면 완성할 수 있는 마그넷.
마그넷 대신 브로치 핀을 달아주면 예쁜 브로치가 되겠죠?

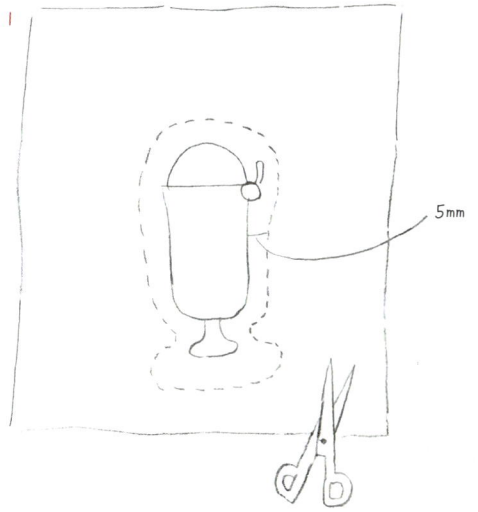

1. 자수를 완성한 다음 5mm 정도 여백을 남기고 원단을 자르세요.
★ **Tip** 올 풀림 방지액을 테두리에 발라주면 올 풀림을 방지할 수 있어요.

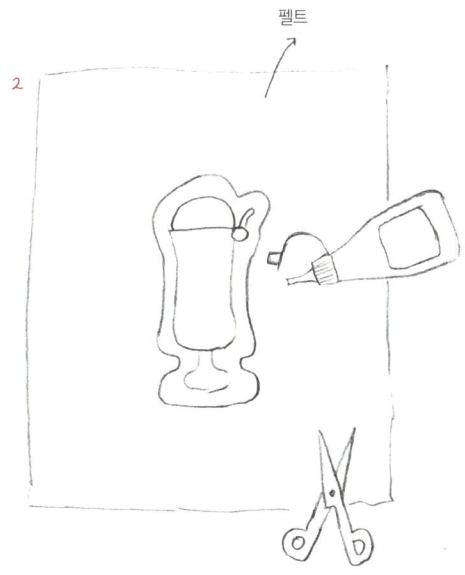

2. 펠트에 수예용 본드를 발라 수놓은 천 뒷면에 붙인 뒤 원단과 같은 크기로 자르세요.

3. 뒷면에 글루건으로 자석을 붙이면 완성!

20:16 pm # 특별한 하루

생크림 케이크

가나슈 케이크

365일 중에 단 하루, 주인공이 되는 날.
정성 들여 축하해주고 싶은
너의 특별한 날.

사용한 패브릭
화이트 기계 무명

사용한 실
[생크림 케이크]
DMC 25번 면사
○ ECRU
DMC 디아망
● D301
[가나슈 케이크]
DMC 25번 면사
● 838
DMC 디아망
◐ D168

사용한 기법
[생크림 케이크]
스플릿 스티치
비즈
백 스티치
[가나슈 케이크]
스플릿 스티치
휘프트 러닝 스티치
비즈
스팽글

그 외 재료
펠트(화이트나 아이보리)
수예용 본드
올 풀림 방지액
막대(꼬챙이)
글루건
투명사
[생크림 케이크]
밀힐 비즈 40777 – 포푸리(지름 약 2mm)
수용성 원단
[가나슈 케이크]
밀힐 막대비즈 72023 – 루트 비어(길이 약 6mm)
핑크 스팽글(지름 약 5mm)

수놓는 순서
[생크림 케이크] 케이크 → 비즈 → 레터링
[가나슈 케이크] 케이크 → 초 → 비즈 → 스팽글

자수 사이즈
[생크림 케이크] 약 5×5cm
[가나슈 케이크] 약 5×7cm

Point
수놓은 원단 위에 레터링 자수를 하기 힘들 땐 수용성 도안을 이용해보세요!

생크림 케이크 & 가나슈 케이크 도안

백 S
D301(1)

스플릿 S
ECRU(3)

밀힐 비즈
40777

핑크 스팽글

휘프트 러닝 S
D168(2)

스플릿 S
838(3)

밀힐 막대비즈
72023

* Special

케이크 토퍼 만드는 법

요즘엔 생일 케이크에 초 대신
토퍼를 꽂는 게 유행이죠.
간단한 방법으로 케이크 토퍼를 만들어보세요.

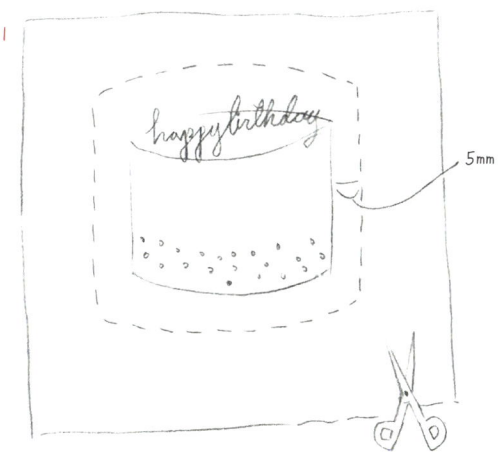

1. 자수를 완성한 다음 5mm 정도 여백을 남기고 원단을 자르세요.
★ **Tip** 올 풀림 방지액을 테두리에 발라주면 올 풀림을 방지할 수 있어요.

2. 펠트에 수예용 본드를 발라 수놓은 원단 뒷면에 붙인 뒤 원단과 같은 크기로 자르세요.

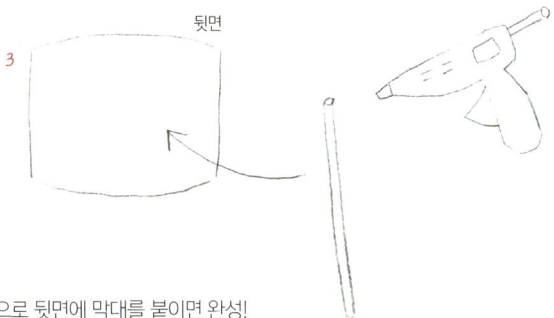

3. 글루건으로 뒷면에 막대를 붙이면 완성!

도란도란
다정한 시간.

Chapter 4
내일을 위한 휴식

오늘 하루도 수고 많았어요
내일은 더 좋은 하루가 되길 바라요
굿나잇.

21:49 pm
내려놓는 밤

자수 시계

볕이 들던 자리에
그림자가 드리워지는 오후를 보내고
어느덧 하루를 마감할 시간이네요

사용한 패브릭
화이트 기계 무명

사용한 실
DMC 25번 면사
○ ECRU
애플톤 크루엘 울사
● 445
● 985

그 외 재료
밀힐 비즈 03017
- 피치 블러시(지름 약 2.5mm)
밀힐 비즈 02061
- 크레용 다크 오렌지(지름 약 2.5mm)
밀힐 막대비즈 72013
- 레드 레드(길이 약 6mm)
우드비즈(지름 약 10mm)
투명사
시계 DIY 재료
18cm 나무 수틀
펠트(화이트 또는 아이보리)
수예용 본드

사용한 기법
아웃라인 스티치
스미르나 스티치
카우칭 스티치
백 스티치
새틴 스티치
래핑 비즈
프렌치넛 스티치
비즈
블랭킷 링 스티치

완성 사이즈
지름 약 18cm

Point
면사, 크루엘 울사, 비즈, 막대비즈, 우드비즈 등 자수에 동원되는 여러 가지 재료들을 심플한 톤의 세 컬러로 조합하여 만들어보았어요.

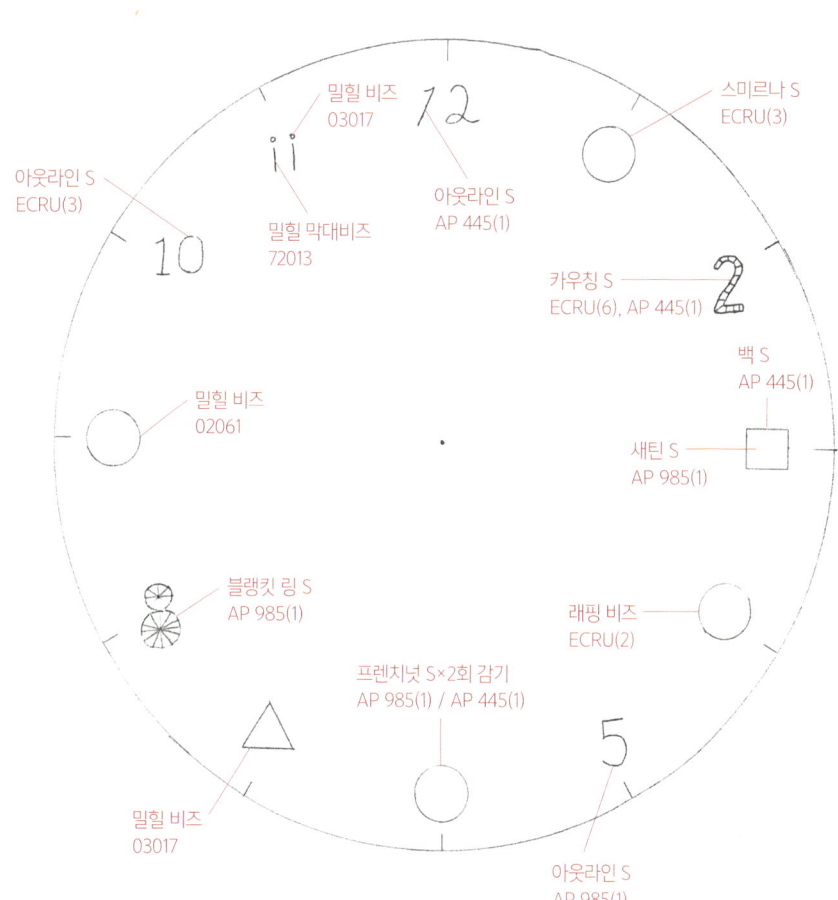

자수 시계 도안
60% 축소 도안입니다.
167% 확대 복사해서 사용하세요.

*Special

자수 시계 만드는 법

수틀액자에 시계 무브먼트를 장착해주면
자수 시계로 변신합니다!

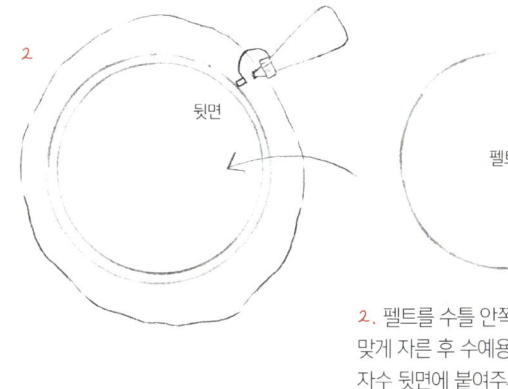

2. 펠트를 수틀 안쪽 크기에
맞게 자른 후 수예용 본드로
자수 뒷면에 붙여주세요.

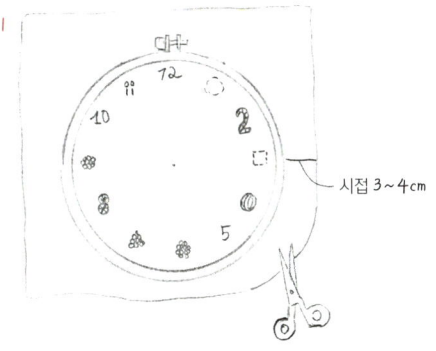

1. 자수를 놓은 후 3~4cm 정도 시접을 남긴 후
원단을 자르세요.

3. 중앙에 지름 9mm 정도의
구멍을 뚫어주세요.

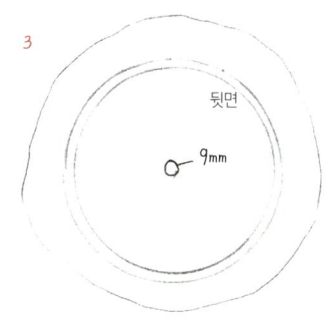

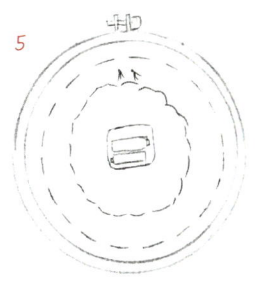

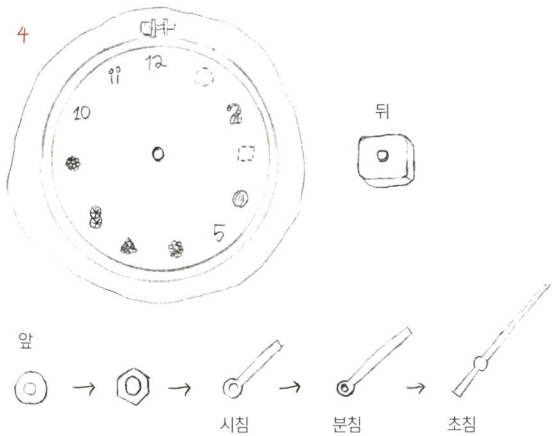

4. 원단 뒤에서 구멍에 시계 부속 뒷부분을 끼워준 다음
원단 앞에서 그림처럼 동그란 부속, 육각너트, 시침, 분침,
마지막으로 초침을 꽉 끼워주세요.

5. 수틀액자를 만들 때처럼 원단 뒷면에
러닝 스티치를 해서 마무리한 뒤, 건전지를 넣어
시각을 맞춰주면 자수 시계 완성!

22:10 pm
욕실의 풍경

거품을 풍성하게 내서 세수도 하고
뜨뜻한 물이 담긴 욕조에서 반신욕도 하고 나면
하루의 피로가 풀릴 거예요.

두 가지 비누

보글보글한 비누 거품 사이로
몽글몽글 번져 나가는 비누 향기.

사용한 패브릭
화이트 기계 무명

사용한 실
DMC 25번 면사
[하얀색 비누] ○ ECRU
[하늘색 비누] ● 168

그 외 재료
수용성 원단
밀힐 비즈 00161
- 크리스탈(지름 약 2.5mm)
밀힐 비즈 60161
- 크리스탈(지름 약 2.5mm)
투명사
10cm 나무 수틀
[하늘색 비누] 펠트(하늘색)

사용한 기법
[하얀색 비누]
아웃라인 필링 스티치
아웃라인 스티치
비즈
[하늘색 비누]
아웃라인 스티치
아플리케 - 스트레이트 스티치
비즈

수놓는 순서
[하얀색 비누] 비누 → soap 레터링 →
거품 비즈 → 레터링
[하늘색 비누] 펠트지 savon 레터링 →
비누 아플리케 → 거품 비즈

자수 사이즈
[하얀색 비누] 약 7×4cm
[하늘색 비누] 약 6×4cm

> **Point**
> 같은 모양의 비누지만 면을 자수로 채우는 방법과 아플리케로 표현하는 두 가지 방법으로 즐겨보세요.
> 펠트에는 도안이 잘 옮겨지지 않으니 수용성 원단을 이용해 옮겨주세요.

하얀색 비누 도안

아웃라인 S
ECRU(4)

아웃라인 필링 S
ECRU(3)

밀힐 비즈
00161 / 60161

하늘색 비누 도안과 본

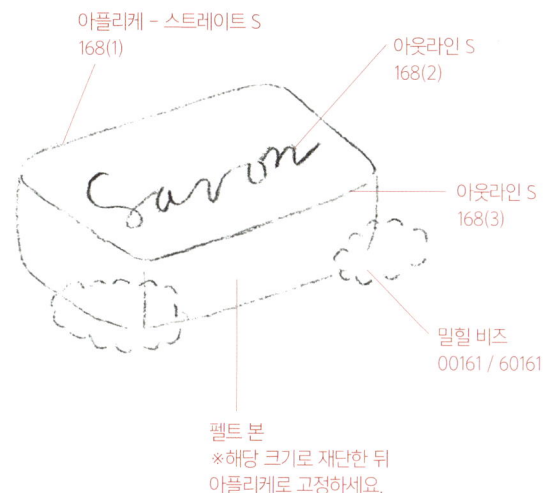

아플리케 - 스트레이트 S
168(1)

아웃라인 S
168(2)

아웃라인 S
168(3)

밀힐 비즈
00161 / 60161

펠트 본
※해당 크기로 재단한 뒤
아플리케로 고정하세요.

풍성한 거품으로 가득한 욕조에 몸을 담그면
몸도 마음도 보들보들해지는 느낌.

사용한 패브릭
화이트 기계 무명

사용한 실
DMC 25번 면사
○ ECRU
● 04

그 외 재료
밀힐 비즈 00161
- 크리스탈(지름 약 2.5mm)
밀힐 비즈 60161
- 크리스탈(지름 약 2.5mm)
투명사
10cm 나무 수틀

사용한 기법
아웃라인 필링 스티치
아웃라인 스티치
새틴 스티치
프렌치넛 스티치
스트레이트 스티치
비즈
백 스티치

수놓는 순서
욕조 → 욕조 수전 → 거품 비즈 → 레터링

자수 사이즈
약 7×5cm

Point
욕조를 아웃라인 필링 스티치로 꼼꼼하게 채운 후 비즈를 풍성하게 겹쳐가며 올려주세요.

욕조 도안

23:16 pm
굿나잇

하루하루가 흘러 계절이 되듯,
계절처럼 흐르는 하루.
일 년의 마지막 계절,
겨울을 닮은 아늑한 밤.
Good night.

스탠드

달님

173

사용한 패브릭
스트라이프 리넨
아이보리 리넨

사용한 실
DMC 25번 면사
[스탠드]
○ ECRU
● 648
● 3046
[달님]
● 168

그 외 재료
라벤더 포푸리
리넨 리본
골드 스팽글(지름 약 6mm)
투명사
[스탠드]
밀힐 비즈 40777
- 포푸리 중 은색(지름 약 2mm)

사용한 기법
[스탠드]
새틴 스티치
아웃라인 필링 스티치
실론 스티치
아웃라인 스티치
비즈
스팽글
[달님]
아웃라인 필링 스티치
스미르나 스티치
스팽글

수놓는 순서
[스탠드] 전구 → 스탠드 받침 →
스탠드 갓 → 스위치 → 골드 스팽글
[달님] 모자 → 모자 방울 → 달님

완성 사이즈
[스탠드] 약 7×4cm
[달님] 약 5×5cm

Point
[스탠드] 실론 스티치를 할 때에는 일정한 힘으로 수를 놓아야 가지런하게 표현이 된답니다. 마지막 단을 고정하지 않으면 끝이 살짝 말려 올라가며 안쪽 전구가 드러나요.

스탠드 도안과 본

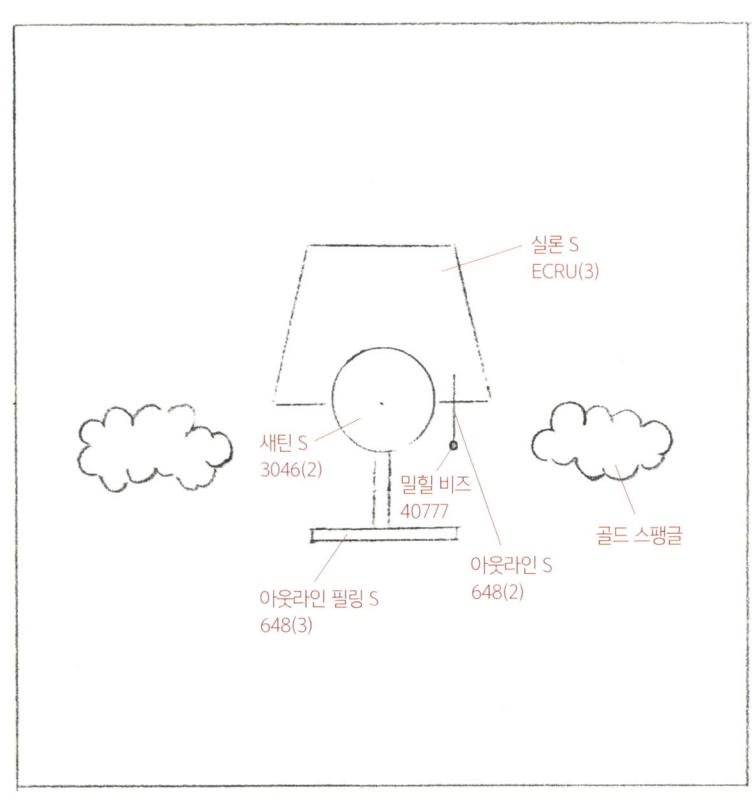

달님 도안과 본

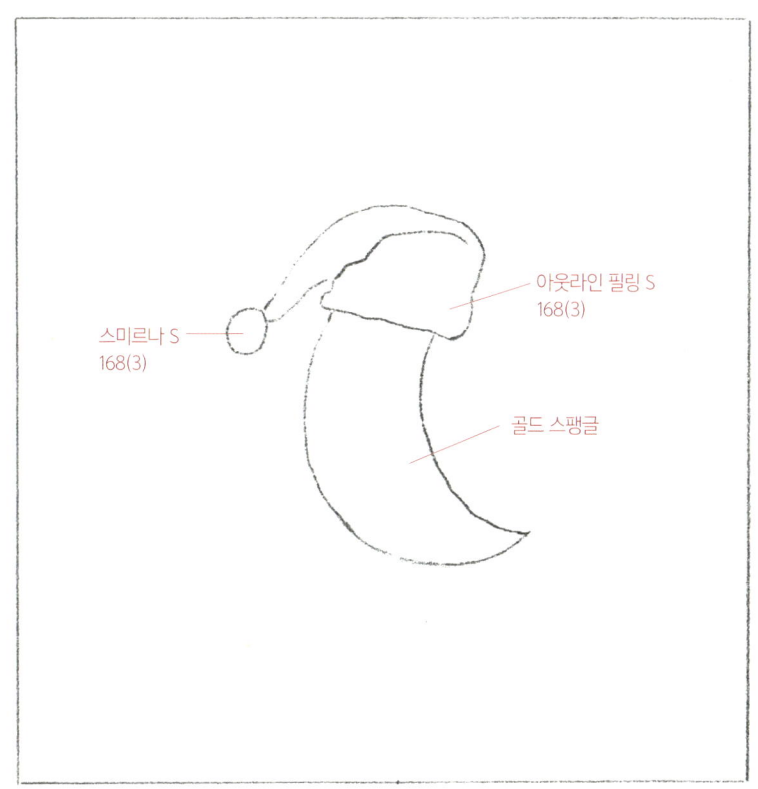

*Special

사셰 만드는 법

벽의 한편이나 옷장 안에 걸어두면 좋은 향을 풍기는 사셰.
누구나 쉽게 만들 수 있도록 단순한 모양으로 디자인했으니 여러 개 만들어 주변에 선물해보세요.

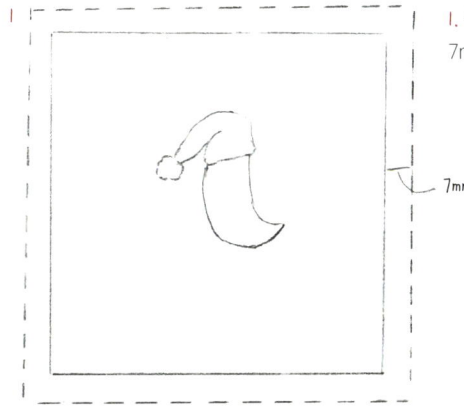

1. 겉감의 앞면에 자수를 놓고 시접을 7mm 정도 남기고 원단을 자르세요.

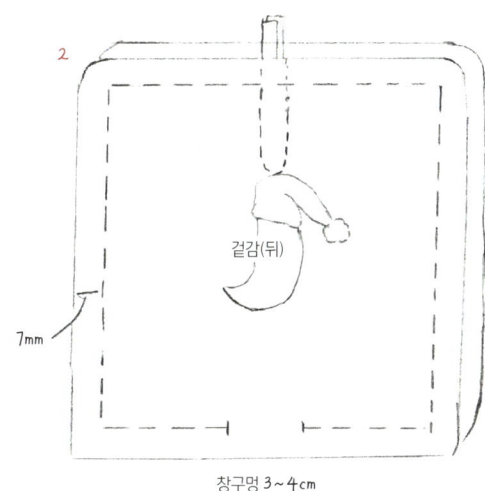

2. 자수를 놓은 앞면과 뒤쪽 천의 앞면이 마주 보게 겹친 뒤, 사이에 그림처럼 고리를 끼운 후 아래쪽에 창구멍을 3~4cm 남겨두고 바느질합니다.
★ Tip 수놓은 겉감의 방향에 주의해주세요.

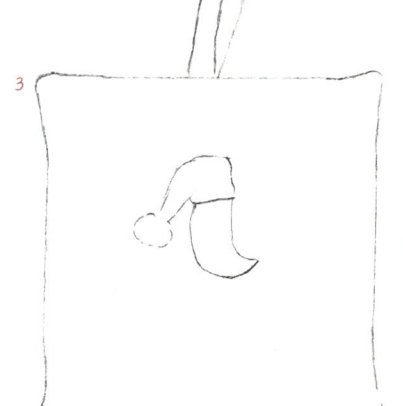

3. 창구멍을 통해 뒤집은 뒤 라벤더 포푸리를 채운 후 공그르기로 창구멍을 막으면 사셰 완성!

우리
내일 또 만나요.

한 땀 한 땀
마음을 담아, 시간을 담아
쌓아가는 일상.

자연스럽게,
소박하게,
조금 더 따스하게…

Stitch Index

드리즐 스티치	45
래핑 비즈	57
러닝 스티치	31
롱 & 숏 스티치	42
링 스티치	44
백 스티치	30
블랭킷 링 스티치	37
블랭킷 스티치	36
비즈 고정하기	56
새틴 스티치	40
스미르나 스티치	50
스타 스티치	38
스트레이트 스티치	30
스팽글 고정하기	56
스플릿 스티치	41
실론 스티치	54
아웃라인 스티치	34
아플리케	44
오픈 휘프트 스파이더 웹 스티치	46
우븐 스파이더 웹 스티치 변형	48
우븐 필링 스티치	47
체인 스티치	32
카우치트 트렐리스 스티치	43
카우칭 스티치	35
코디드 버튼홀 스티치	52
프렌치넛 스티치	39
휘프트 러닝 스티치	31
휘프트 체인 스티치	33

알로르의
일상을 담은 프랑스 자수

1판 1쇄 인쇄	2019년 6월 10일	
1판 1쇄 발행	2019년 6월 17일	
지은이	박향선(알로르)	
펴낸이	최태선	
편집	손영미 · 임용옥 · 정시아	
디자인	성다윤 · 정소희	
마케팅	신영병 · 류현지	
디지털 콘텐츠	고미영	
스토어	이혜미	
경영지원	현주희	
외부스태프	사진	박향선(알로르)
		여름하스튜디오
펴낸곳	㈜솜씨컴퍼니	
	등록	제2015-000025호
	주소	04042 서울시 마포구 잔다리로6길 20-5 2층
	전화	070.7825.8587(편집) 070.7825.8568(마케팅)
	팩스	02.6442.4364
	이메일	love@somssi.me(콘텐츠 · 원고 투고) order@somssi.me(유통 · 판매)
	SNS	instagram.com/somssico
제작	종이	월드페이퍼
	인쇄	도담프린팅
	용지	표지: 아르떼 U/W 210g 본문: 백색 모조 120g
		부록 표지: SW 180g 부록 본문: 백색 모조 70g

ISBN 979-11-86745-30-4 13630

• 값은 뒤표지에 있습니다.
• 잘못된 책은 구입하신 곳에서 교환해드립니다.

Maker's letter

오늘 여러분의 하루는 어땠나요?
오늘도 별다른 일 없는 평범한 하루였나요?
매일 똑같이 반복되는 일상을
조금이라도 색다르게 보내기 위해서는 새로운 시선이 필요하죠.
그런 의미에서 이 책은
여러분의 자수 일상에 신선함을 더해줄 거예요.
그리고 처음의 신선함, 그 자극을 뛰어넘어
이 책이 여러분의 자수 일상이 되어있기를 꿈꿔봅니다. Yong

집순이인 저는 집에 있는 시간을 정말 좋아하는데요.
디테일이 살아있는 작품 덕분에
그냥 흘려보내던 일상이 새삼 소중하게 느껴졌어요.
작가님의 감성이 고스란히 전해지도록
고민하며 작업한 이 책과 함께
여유로운 일상을 즐기시길 바라요! :) Seong

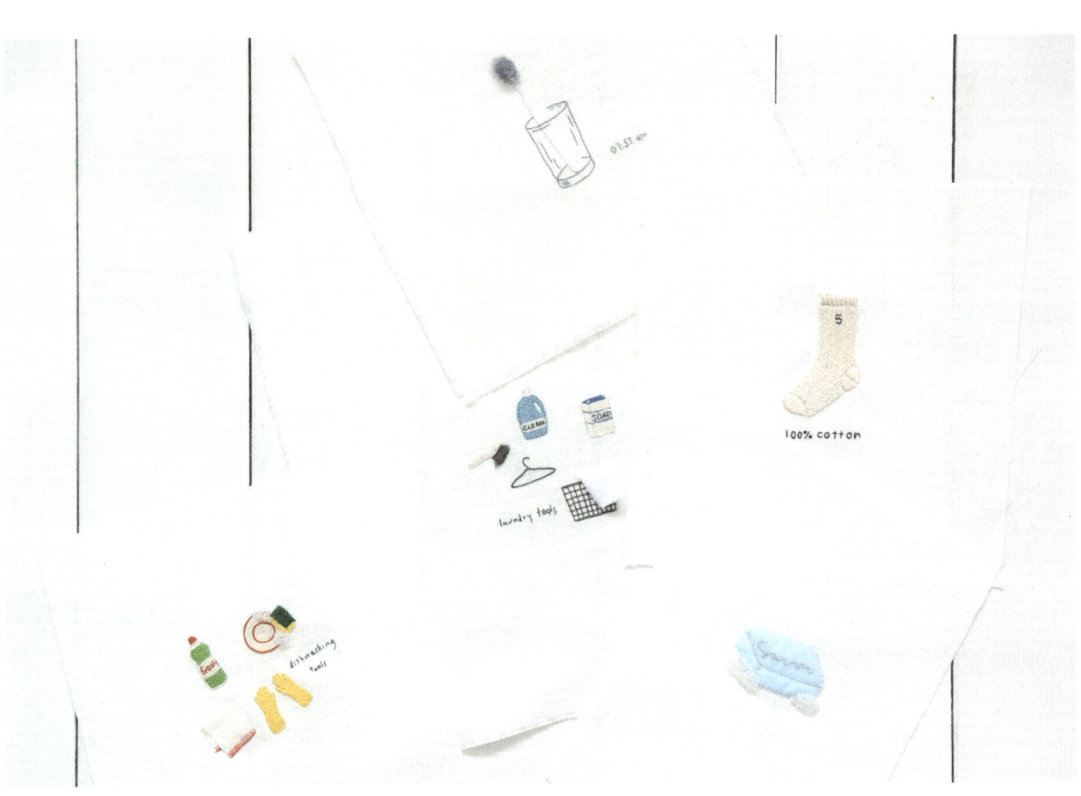